나는 지구 100바퀴를 돌며 영업을 배웠다

영업이 나에게 가르쳐준 소중한 것들
나는 지구 100바퀴를 돌며 영업을 배웠다

유재경 지음

다산3.0

프롤로그

나는 영업으로 인생을 배웠다

    이 책은 제가 삼성전기에 근무했던 2014년에 매주 한 번씩 부서원들에게 보냈던 편지의 일부를 엮은 것입니다.

    근무 당시 4개 사업부로 나뉘어 있던 영업팀이 글로벌 마케팅실(이하 '글마실')로 통합되어 1, 2팀으로 분리되었고, 저는 그중 1팀을 맡았습니다. 초기에는 매주 주말 우리 팀의 활동 내용을 경영층에 보고하고, 그 내용을 1팀 전원에게 재전송하여 우리 팀이 일주일간 어떤 활동을 했는지 서로 알게 하자는 생각으로 메일을 보냈습니다.

그랬던 것이 하반기에 들어 회사의 상황이 악화되자 활동 내용을 공유하는 걸 넘어서서 '응원의 메시지'를 담은 '위클리 메일(weekly mail)'을 작성하기 시작했습니다. 매주 한 편씩 메일을 작성하는 일이 결코 쉽지만은 않았지만, 부서원들에게 작게나마 힘이 되어주고 싶다는 생각에 회사를 떠나기 전 마지막 주까지 손을 놓을 수가 없었습니다.

그렇게 30년 직장 생활을 마치고 회사를 떠났던 날, 직원들로부터 수많은 감사와 격려의 메시지를 받았습니다. 그런데 그중 대부분이 '이제 전무님의 위클리 메일을 못 받게 되는 건가요?', '그동안 보내주신 위클리 메일을 묶어서 책으로 출간해주세요.'라는 내용이었습니다. 그래서 저는 그동안 제가 보냈던 메일을 다시 읽어보게 되었습니다. 매주 보냈던 메일은 이런 문구로 시작했습니다.

"마케팅 1팀 가족 여러분,
또 한 주가 지났습니다.
여러분 모두 지난 한 주간 수고 많았습니다."

그랬던 것이 중간에 글로벌 마케팅실 산하의 1, 2팀제가 없어지고 '글로벌 마케팅실'이라는 하나의 조직으로 통합되고서부터는

'글마실 가족 여러분'으로 인사말이 바뀌었고, 수신인이 글로벌 마케팅실의 직원 전체로 확대되었습니다.

이렇게 바뀐 뒤 보냈던 글들 중에 그나마 책으로 내도 괜찮을 것들이 보였습니다. 하지만 그것만으로 책을 엮기에는 양이 턱없이 부족했습니다. 한편으로는 '부질없는 짓 하지 말고 그냥 접을까?' 하기도 했지만, 다른 한편으로는 제가 살아온 삶의 한 마디를 중간 정리해보는 것도 나쁘지는 않겠다는 생각이 들었습니다.

그래서 제가 직장 생활을 하면서 경험했던 것들을 추가로 작성해 더 많은 분들과 공유하고자 했습니다. 그리하여 제가 1팀원들에게 보냈던 글, 글마실 전원에게 보냈던 글, 추가로 작성한 경험담 등을 뒤섞어 총 4개의 장으로 구성해 이 책을 출판하게 되었습니다.

돌아보면 한 점 아쉬움 없는 30년의 영업 인생이었습니다. 지나온 삶의 반 이상을 함께한 삼성과의 인연도 처음부터 목표로 했다기보다는 우연에서 시작되었습니다.

대학 졸업을 한 학기 남겨둔 1985년 봄. 그해 가을학기 졸업 예정이었던 30여 명의 동기들이 캠퍼스에 모여 소위 '취업 반장'을 뽑았습니다. 취업 반장의 역할은 수시로 대학의 학생과에 들러 각 기업체들로부터 학생과에 들어온 입사원서 현황을 확인하고, 이미 졸업에 필요한 학점을 취득해 학교에 거의 나오지 않는 학생들에게 그 정보를 전하는 것이었습니다. 그때 저는 거의 매일 학교에 나오고 있었기에 자연스럽게 취업 반장으로 지목되었습니다. 당시 경기가 별로 좋지 않아 학생과에서 받을 수 있는 입사원서는 일주일에 두세 통에 불과했고, 대기업의 입사원서는 거의 없었습니다.

그러던 어느 날 모 그룹의 입사원서가 세 부 입수되어 동기들에게 배분했는데, 그때 저는 '낙방하는 것은 어쩔 수 없다 쳐도 원서를 제출할 수 있는 기회조차 받지 못하는 건 너무하다'는 생각이 들었습니다. 그래서 군대를 면제받아 이미 학교를 졸업하고 그 회사에 다니고 있는 친구를 찾아가 20여 통의 입사원서를 더 얻어왔고, 그것들을 동기들에게 나눠주었습니다.

그런데 며칠 후, 학생과로부터 '며칠 전에 줬던 세 부의 원서는 별 의미 없이 그냥 배포한 것이고, 학과에서 추천하는 학생을 우선적으로 채용하겠다며 별도 양식의 입사원서 세 부가 더 왔으니 받아가라'는 연락을 받았습니다.

저는 다시 동기들에게 연락해서 상황을 설명하고 세 부의 원서를 배분하면서 "미리 합격 내정자를 정해두고 나머지는 들러리를 세우는 회사라면 나는 원서를 내지 않겠다."라고 밝혔습니다.

며칠 후, 삼성그룹의 신입사원 채용 공고가 떴습니다. 저는 학생과로 온 원서가 없다는 사실을 확인하고, 무작정 서울 시청 앞의 삼성 본관을 찾아가 30부의 입사원서를 받아왔습니다. 그렇게 동기들과 함께 제가 처음으로 입사원서를 냈던 바로 그 회사가 결국 30년간 다닌 직장이 되었습니다.

저는 브라질, 독일에서 각 5년씩 주재 생활을 했고, 사업부장으로서 전 세계 공장에 근무하는 1만 5천여 명의 직원들을 지휘하기도 했지만, 그래도 본업은 늘 영업이라고 생각하며 뛰어왔습니다.

지난날을 돌아보니 30년간 세상의 많은 곳을 돌아다녔다는 사실을 새삼 깨닫게 되었습니다. 100만 마일은 약 160만 킬로미터이고, 지구의 둘레는 약 4만 킬로미터이니 100만 마일이면 지구를 40바퀴 돌았다고 할 수 있습니다. 지난 30년간 출장을 다녔던 거리가 250만 마일을 넘었으니, 지구를 100바퀴 이상 돈 셈입니다.

특히, 비즈니스 상담에 있어 '인간관계'와 '감성'이 크게 작용하는 브라질과 감성이 개입할 구석 없이 철저한 계산에 따른 '이성'이 주로 작용하는 독일, 이렇게 분위기가 완전히 극과 극으로 상이한 두 나라에 주재했던 경험 덕분에 세상의 양면을 보는 기회를 누릴 수 있었습니다.

브라질에서는 좁은 길에서 서로 길을 먼저 비키라며 다투다가도 한쪽에서 엄지손가락을 세우며 "따봉!"이라고 말해주면 빙그레 웃으며 비켜줄 만큼 '상황에 따라 유연하게 대응하는' 교통 문화를 갖고 있습니다. 반면, 독일의 교통 법규는 교통신호가 없는 작은 사거리에서 무조건 우측에서 진입하는 차량이 우선권을 갖도록 되어 있어 사거리로 진입할 때면 자신보다 우선권을 갖는 우측만 신경 쓸 뿐 좌측은 아예 쳐다보지도 않고 속도도 줄이지 않은 채 진입합니다. 그래서 외국인 운전자들이 깜짝깜짝 놀랄 일이 많을 정도로 독일은 '모든 것이 법규화되어 있는' 꽉 짜인 교통 문화를 갖고 있습니다. 저는 이 두 곳에 주재하면서 어느 한쪽이 '맞고 틀린 것'이 아닌, 서로 '다른 것'일 뿐이라는 생각을 할 수 있었습니다.

아침에 눈을 뜨면 제일 먼저 '지금 이곳이 어디지? 내가 어젯밤 잠자리에 들었던 곳이 어디였지?'를 생각하는 것이 습관이 됐을 정도로 출장이 많았던 지난날. '최대한 많은 사람을 만나고, 최대한 많은 경험을 하자'는 생각으로 전국을 돌아다녔던 대학 시절의 경험, '1년에 최소한 100권은 읽자'는 각오로 손에서 놓지 않았던 책으로부터 얻은 간접 경험들이 지난 30년간 전 세계를 누비며 비즈니스 현장에서 위기를 맞을 때도 당황하지 않고 대처할 수 있는 힘이 되지 않았나 싶습니다. 이 책을 통해 영업이 제 인생에 가르쳐준 소중한 것들에 관한 이야기를 여러분과 나누고자 합니다.

유재경

● 차례

프롤로그 나는 영업으로 인생을 배웠다 _004

1장 사람 나의 두 번째 이력서는 남이 써주는 것이다

신발 바꿔 신어보기 _017
마음을 주고받는 비즈니스 _021
스파르타의 방패 _027
팀이 이기지 않는 한 나의 홈런은 의미가 없다 _030
나의 두 번째 이력서는 남이 써주는 것이다 _036
내 일, 남 일 구분 짓지 않기 _042
한 장의 행복 _047
사업의 수명은 사람이 결정한다 _056
몸살 나게 출근하고 싶은 회사 _062
장미꽃 열 송이 _070

2장
마음 모든 것은 마음먹기에 달렸다

초심 지키기 _081
마음의 벽 허물기 _085
절박함이 만드는 기적 _090
불편한 환경으로 몰아넣기 _102
생각하는 만큼 이룬다 _108
지금 내가 서 있는 곳 _112
위기와 기회는 함께 다닌다 _117
순풍을 경계하라 _125
구름 뒤에는 늘 태양이 있다 _136
함께 만들어가는 길 _140
끝날 때까지 끝난 것이 아니다 _146

3장
내공 경험이 가장 큰 무기다

- 상대의 불만을 없애는 협상 기법 _155
- 성공에 길들여져라 _161
- 내 장미꽃이 소중한 이유 _166
- 소통의 본질 _173
- 위기도 언젠가 추억이 된다 _177
- 영업은 시험의 연속 _189
- 지혜로운 임기응변 _196
- 선물에도 원칙이 있다 _204
- 스토리로 말하는 법 _212
- 자연스러운 프레젠테이션 _217
- 준비된 순발력 _229

4장
여유 한 걸음 물러나면 보이는 것들

- 텔레비전을 공짜로 주고도 돈을 버는 방법 _241
- 일터의 고마움 _246
- 뒷모습이 더 중요하다 _250
- 웃음이 있는 미팅 _258
- 부드러움이 강인함을 이긴다 _268
- 내일은 오늘보다 밝다 _275
- 가끔은 고개를 드는 여유 _279
- 주변을 밝히는 삶 _286
- 보내지 못한 마지막 위클리 메일 _293

에필로그 지금도 어디선가 뛰고 있을 영업 후배들에게 _300
감사의 말 305
추천의 글 310
참고도서 315

1장 사람

나의 두 번째 이력서는
남이 써주는 것이다

"사람과 사람을 이어주는 정신적인 매듭이야말로
 인생을 풍요롭게 하는 원동력이다."
- 돈 존스(성공 컨설턴트)

신발
바꿔 신어보기

영어 표현 중에 'put oneself in a person's shoes'라는 말이 있습니다. 직역하면 '누군가의 신발에 자신을 넣는다'는 것으로 결국 '입장을 바꿔 생각한다'는 뜻입니다.

일주일간 중국에서 현지 휴대전화 업체들과 기술 미팅을 마친 마지막 날, 고생했던 직원들을 격려하기 위해 저녁 식사 자리를 가졌습니다. 몇몇 엔지니어들이 이런 행사를 다시 하게 되면 더 진일보한 방식으로 진행할 수 있을 것 같다기에 저는 반가운 마음에 어떤 아이디어인지 물었고, 다음과 같은 답변이 돌아왔습니다.

"거래선의 휴대전화 케이스를 이용하되, 내부에는 우리 회사의 부품을 사용해서 거래선의 휴대전화보다 성능이 개선된 세트를 만들어서 보여주는 겁니다. 그들이 만든 것보다 성능이 더 우수한 휴대전화를 보여주면 거래선도 당연히 우리 회사 부품의 우수성을 인정할 것으로 생각됩니다."

그러자 여기저기서 "암만 생각해도 좋은 아이디어인 것 같습니다!"라며 한껏 고무되어 있더군요. 그때 제가 이렇게 말했습니다.

"Put yourself in their shoes, then you'll understand their position(입장을 바꿔서 생각하면, 그들의 처지를 이해할 거야)."

의아한 눈으로 쳐다보는 그들에게 이렇게 덧붙였습니다.

"만일 자네들이 휴대전화 업체 연구원인데 부품 회사에서 찾아와 '세트 전문가들인 당신들보다 부품 전문가인 우리가 더 우수한 세트를 만들었다'고 자랑하면 과연 기분이 좋을까? 자네들이라면 그런 부품업체와 다시 만나고 싶을까?

특히 그 자리에 만약 직장 상사가 함께 참석해 있었다면 '이 인간들이 상사 앞에서 나를 자르려고 작정한 건가?' 하는 생각이 들지 않을까?"

그러자 엔지니어들은 제 말의 뜻을 얼른 이해하고 순순히 수긍해줬습니다. 저는 제 말을 이해해준 그들이 도리어 고마웠습니다. 그리고 그런 적극적인 아이디어를 내줘서 고맙다고 말해줬습니다.

다음 날 오후 인천 공항에 도착해서 귀가하는 길에 차 안에서 우연히 들은 라디오 방송에서 또 하나의 '신발 바꿔 신어보기' 사연을 들었습니다.

장애인들을 위한 지도를 만들고 있는 복지재단 직원과의 전화 인터뷰였는데, 그들은 장애인을 위해 서울시의 지하철역을 중심으로 하는 지도를 제작하고 있다고 했습니다. 그러다 보니 실제로 복지재단 직원들이 직접 휠체어를 타고 지하철을 이용하는 등 장애인의 입장이 되어 많은 체험을 하게 되었다고 합니다.

어떤 역에서는 30분 동안 찾아도 휠체어로 이동할 수 있는 리프트나 엘리베이터를 찾을 수 없어 결국 휠체어를 접어서 들고 계단을 올라갔다고 합니다. 또, 평소에는 계단을 몇 개만 올라가면 멋진 찻집에 들어갈 수 있었던 곳에 휠체어를 타고 가보니 마치 절벽 위에 서 있는 듯한 느낌을 받았다고 합니다. 그들은 이렇게 입장을 바꿔 생활해보면서 장애인들이 겪는 어려움을 더욱 잘 이해하게 되었답니다. 그리고 장애인을 돕겠다는 생각으로 시작한 활동이 도리어 자기 자신을 돌아보게 된 좋은 기회가 되었다고 말했습니다. 그 전화 인터뷰를 들으며 '세상에 입장을 바꿔서 생각해보면 이해할 수 있는 부분이 많아지는구나.' 하는 생각을 했습니다.

회사의 상황이 많이 어려워질수록 그 원인을 나 자신이 아닌 주변의 다른 부서, 타인에게서 찾으려는 사람들이 있습니다. 때로는 잘못된 결과를 남 탓으로 돌리고 어려운 상황을 비켜간 사람이 그 순간에는 똑똑하고 현명한 듯 보이기도 합니다. 그러나 저는 그렇게 순간을 모면했던 사람이 결국에는 주변에 아무도 없는 외톨이가 되어버리는 경우를 많이 봐왔습니다.

그러니 비록 우리 부서의 현재 실적이 목표에 미달하고 있지만, 결코 남 탓은 하지 맙시다. 남에게 손가락질할 때 나머지 세 손가락은 나 자신을 가리키고 있다는 사실을 잊지 말고, 늘 '내 탓이오'라고 생각해봅시다. 그래도 견디기 힘들 때는 그냥 슬며시 상대방의 신발에 내 자신의 발을 밀어 넣어봅시다.

마음을 주고받는 비즈니스

약 20여 년 전 과장 시절의 일입니다. 당시 사내 식당에서는 밥과 반찬을 자신이 먹을 만큼만 담는 자유 배식을 실시하고 있었는데, 어느 날부터 밥과 반찬을 남기지 말자는 '음식물 찌꺼기 제로 캠페인'이 시작되었습니다. 하지만 회사에서 음식물 쓰레기를 줄이자고 그토록 강조했음에도 밥이나 반찬을 남기는 직원들이 많았습니다. 그러자 어느 날 회사에서 이런 방송을 하기 시작했습니다.

"여러분이 남기는 음식물 찌꺼기를 처리하기 위해 각종 화학적 처리를 해야만 하기 때문에 음식물 찌꺼기를 남기는 행위는 자원 낭비일 뿐만 아니라 결국은 환경오염의 주범이 됩니다."

사내방송과 사보 등을 통해 이런 메시지가 알려지자, 음식물 찌꺼기의 양이 눈에 띄게 줄어드는 것을 실감할 수 있었습니다. 그러자 반찬의 질도 점차 좋아지는 것을 느낄 수 있었는데, 곧이어 회사에서는 이렇게 발표를 했습니다.

"여러분이 적극적으로 음식물 찌꺼기 줄이기 활동에 참여해서 식자재가 20퍼센트 정도 절약되는 효과를 얻었습니다. 당초 회사에서 이 캠페인을 시작한 목적이 음식 재료비를 절약해서 회사의 이익을 취하자는 게 아니었던 만큼 절약된 금액을 고급 재료를 구입하는 데 사용함으로써 여러분에게 혜택이 돌아가도록 하겠습니다."

그 이후 음식물 찌꺼기를 남기지 않는 것은 우리 회사의 자랑스러운 전통이 되었습니다.

그 경험을 통해 저는 어떤 일을 추진할 때 지시를 하거나 강요하기보다 상대방이 이해할 수 있도록 그 취지를 충분히 설명하면 훨씬 더 큰 효과를 얻게 된다는 사실을 깨달을 수 있었습니다. 그것이 바로 '공감의 힘'이 아닐까 생각합니다.

흔히 '영업은 상대방의 마음을 사는 일'이라고 말합니다. 이 말은 결국, '상대방의 공감을 얻어낼 수 있느냐'가 비즈니스의 성사 여부를 가를 만큼 중요하다는 뜻입니다.

6년 전 유럽 판매법인에서 귀국해서 개발과 제조를 총괄하는 사업팀장을 맡았을 때의 입니다. 제가 담당한 사업팀에 부품을 공급하던 국내의 중견업체 제품에 불량품이 유입되어 결과적으로 우리 회사 제품에도 품질 문제가 발생하고 말았습니다. 그래서 그 부품 회사의 사장이 우리 회사에 와서 회의를 하게 되었습니다.

거래선과의 회의 시작 전 회의장 준비 상태를 확인하는 게 오랫동안 영업부서에서 일하며 몸에 밴 습관인지라, 그날도 저는 거래선 사장이 도착하기 전에 회의실에 들어가보았습니다.

그런데 회의실에 들어서자마자, 저는 깜짝 놀라고 말았습니다. 우리 직원들이 저를 상석에, 거래선을 한쪽 줄에, 우리 사업팀의 간부들을 맞은편 줄에 앉히는 'ㄷ' 자 방식으로 좌석을 배치했던 것입니다. 아마 우리 직원들은 공급자(supplier)는 을(乙)이고 우리는 갑(甲)이라는 생각에 그렇게 좌석을 배치한 듯했습니다만, 저는 급히 상석이 뚜렷이 드러나는 'ㄷ' 자 방식이 아닌, 서로 마주 보는 방식으로 바꾸고, 출입구로부터 먼 안쪽의 상석에 거래선의 좌석을 재배치하도록 했습니다.

곧이어 도착한 공급사 사장과 회의를 하게 되었습니다. 그런데 20여 년간 제품을 판매하는 을의 입장에서 일해왔던 제가 영업팀장이 아닌 사업팀장이라는 보직을 맡아 갑의 입장에서 상담을 하려니, 마치 남의 옷을 입은 양 그 자리가 몹시 불편했습니다.

품질 문제를 일으켜서 죄송하다며 연신 머리를 숙이는 공급사 사장께 저는 이렇게 말씀드렸습니다.

"제가 20여 년간 해외영업을 하면서 고객으로부터 대형 수주를 할 때면 항상 생각했던 것이 '이 수주로 국내에 일자리가 몇 개 더 생길까?'였습니다. 만일 제가 수주한 제품이 외국에서 수입한 부품들만 사용해서 조립하는 제품이었다면 수주할 때 제가 느꼈던 감동은 아마도 훨씬 덜했으리라 생각합니다.

이번에 품질 문제가 발생한 점이 유감스럽긴 하지만 이 문제는 사장님께서 잘 해결해주실 것으로 믿습니다. 이번 문제로 인해 저희가 귀사와의 거래를 단절하는 일은 절대 없을 테니 그 점은 염려하지 마십시오. '비 온 뒤에 땅이 굳어진다'는 말처럼 이번 일이 양사 간의 관계를 더 단단하게 만드는 계기가 되도록 잘 마무리해주시기 바랍니다. 그리고 앞으로 이런 문제가 재발하지 않도록 품질 관리에 좀 더 힘을 기울여주시길 부탁드립니다."

제 말이 끝나자 거래선 사장과 임원진들이 깊이 머리를 숙여 감사 인사를 했고, 저도 탁자에 머리가 닿을 정도로 그분들보다 더 깊이 머리를 숙여 인사를 했습니다.

그날 미팅을 끝내고 "팀장님, 좀 더 강하게 몰아붙이지 그러셨습니까!"라고 말하는 저희 팀 간부들에게 이렇게 말했습니다.

"내가 항상 을의 자리에 앉아봐서 그분들의 입장을 잘 안다네. 이미 질책받을 것을 각오하고 회의장에 들어온 상대방을 몰아붙이는 건 너무 잔인한 데다 문제 해결에 도움이 되지도 않아. 나는 도리어 이 상황이 서로의 비즈니스 방식을 더 잘 이해할 수 있는 계기가 될 거라 생각하네."

그날 회의가 끝나고 회사로 돌아간 그 사장이 내부 임원회의를 소집해 "이번 품질 문제는 최선을 다해서 조기에 수습한다. 그리고 앞으로 삼성에서 요청하는 사항에 대해서는 최우선적으로 대응한다."라고 말했다는 이야기를 전해 듣고 제 진심이 잘 전달된 듯해서 기뻤습니다.

그렇게 품질 문제가 해결되고 수개월이 지난 어느 날, 갑자기 해당 부품의 자재 수급 부족 사태가 발생했습니다. 전 세계적으로 소수의 업체들만 생산하고 있던 해당 부품에 대한 수요가 갑작스럽게 늘어나 세계적으로 물량이 부족해지자, 모든 업체들이 부품 확보를 위해 필사적인 전쟁을 벌이게 된 것입니다.

그러자 품질 문제를 일으켰던 그 회사는 다른 업체들의 증량 요청을 전부 거절하고 우리 회사가 요청하는 물량을 최우선으로 완벽히 대응해줬습니다. 그렇게 우리 회사는 무사히 위기를 넘길 수 있었을뿐더러 신규 고객을 확보하는 기회까지 잡게 되었습니다.

저는 그때 비즈니스 세계에서도 진심은 통한다는 것을 절실히 느꼈습니다. 즉, 상대방의 약점을 악용하려 들지 않고 진심을 전달해서 상대방의 공감을 얻어낸다면 언젠가는 훨씬 더 좋은 결과로 돌아온다는 사실을 깨닫게 되었습니다.

항상 을의 입장에서 생각하고 행동해야 하는 '영업'이라는 일이 때로는 힘들다는 사실을 저도 잘 압니다. 그러나 100미터 단거리 달리기가 아닌 마라톤 같은 우리네 인생길에서 보면, 을의 입장에서 상대를 대하는 영업 분야가 어떤 면에서는 세상을 살아가는 도리를 깨우쳐주고, 겸손함을 유지할 수 있도록 인격 수양의 기회를 제공해주는 점도 있다고 생각합니다. 글마실 가족 여러분 중에 고객과의 관계 때문에 어려움을 겪고 있는 분이 있다면 이를 명심하며 오늘도 이겨내기 바랍니다.

스파르타의
방패

 이번 달은 휴일이 유난히 많았습니다. 지난주에는 금요일이 개천절이어서 금, 토, 일 사흘 연휴였고, 이번 주에는 목요일이 한글날 공휴일인 관계로 대부분 금요일에 권장 휴가를 사용해 나흘간의 연휴가 있었습니다. 지난 2주와 같은 일정이 계속된다면 직장생활이 힘들다고 말할 사람은 별로 없을 듯합니다.
 그러나 이런 황금 같은 금주의 연휴 기간에도 본사를 내방한 외국 거래선 손님이 있었습니다. 그녀는 우리가 공급 중인 제품의 납기 단축을 협의하기 위해 월요일부터 닷새간 와 있었습니다. 그런데 만족할 만한 생산 납기가 도출되지 않자 저녁 식사도 거절하고 밤샘 회의를 했습니다. 또, 새벽에 퇴근해 서울에 있는 숙소에 잠시 갔다가 공휴일인 한글날 아침에 다시 출근해 납기를 챙길 만큼 일에 대한 강한 열정을 보여줬습니다. 그녀가 저녁 식사를 거절하는 바람에 같이 끼니도 거른 채 밤샘 회의를 하고 휴일에도 텅 빈 사무실에 출근하여 강행군을 한 관련자들의 노고에 치하의 말씀을 드립니다.

우리가 처한 현재의 어려운 시황이 단기간에 호전될 가능성이 희박하다는 점을 감안할 때 현재 우리에게 무엇보다 필요한 것은 내 옆자리에서 근무하는 동료, 팀원, 글마실 가족 전원이 하나로 똘똘 뭉쳐서 어려움을 헤쳐나가는 '팀워크'가 아닐까 생각합니다.

고대 그리스의 스파르타의 강한 군사력에 대해서는 잘 아실 겁니다. 그런데 스파르타의 군대의 힘은 그들이 쓰는 날카로운 창이 아니라 강한 방패에서 나왔다고 합니다. 그래서 전투에서 투구나 흉갑을 잃어버린 전사에게는 징벌이 없었지만, 방패를 버린 남자는 시민권까지 박탈당했다고 합니다. 투구와 흉갑은 스스로를 보호하기 위한 장비이지만, 방패는 전열 전체의 안전을 위한 장비이기 때문입니다.

'불필요한 일들을 찾아서 없애자'는 활동이 시작된 뒤, 그동안 관행처럼 해오던 많은 보고서, 대책서 등의 서류 작업이 최근 많이 줄었습니다. 어느 직원으로부터 그 덕분에 매일 자정이 넘어서 귀가하다 요즘 들어 퇴근 시간이 좀 빨라지자 가족들이 좋아한다는 말을 듣고 저도 다행스럽게 생각했습니다.

그런데 한 연구에 의하면 아이들의 행복감은 '부모가 직장에서 얼마나 많은 시간을 보내느냐'보다 '집에 돌아온 부모의 기분이 어떤가'에 더 큰 영향을 받는다고 합니다. 즉, 밤늦게까지 일을 하더라도 즐거운 마음으로 집에 들어오는 부모의 모습은 아이에게 부정적인 영향을 끼치지 않지만, 회사에서 스트레스를 잔뜩 받은 상태로 귀가하는 부모는 비록 매일 일찍 들어온다 해도 아이에게 나쁜 영향을 준다는 것입니다.

그러니 회사에 있는 동안 최대한 즐거운 마음으로 업무에 임하도록 합시다. 업무를 수행하는 과정에서 생기는 일정 수준의 스트레스는 불가피하겠지만, 업무 외적인 인간관계로 인한 스트레스는 없는 글마실을 만들어봅시다. 그렇게 우리 모두가 힘을 합쳐 앞으로 한동안 지속될 어려움 상황을 이겨냅시다. '나'보다 '우리'라는 생각으로, 내 방패로 동료의 몸을 보호해주는 스파르타 전사의 마음가짐으로 이 어려운 상황을 함께 극복해나가도록 합시다.

팀이 이기지 않는 한
나의 홈런은 의미가 없다

이번 주에는 부산에서 중국계 거래선 초청 행사가 있었습니다. 그동안 진행했던 행사 중 참가 회사 수, 참석자 수 면에서 가장 큰 행사였습니다. 행사를 진행한 호텔의 전체 객실 수가 250개에 불과한 데다 장기 투숙자 등으로 인해 우리가 사용할 수 있는 객실은 200개뿐이었습니다. 고객들, 판매법인에서 들어온 주재원들만으로도 호텔 객실이 부족해 본사 인력들은 별도의 호텔에서 숙박해야 하는 불편한 상황이었습니다. 그러나 행사 진행 TF팀의 모든 인력이 똘똘 뭉쳐 애쓴 결과 훌륭하게 행사를 치를 수 있었습니다.

이번에도 개막식, 폐막식에서 외부 이벤트 회사 용역팀의 공연에 이어 우리 직원들의 공연을 본 고객들이 이런 말씀을 해주셨습니다.

"외부팀의 공연은 역시 프로들이 하는 것답게 멋있기는 해도 특별한 감동까지 전해지지는 않았는데, 직원들의 공연에서는 고객을 위해 최선을 다하는 진정성이 느껴집니다."

저는 바로 이 말 속에 이번 행사에 대한 고객들의 마음이 모두 담겨 있다고 생각합니다.

여러분이 행사 준비와 진행에 최선을 다하는 모습을 보면서 저 또한 제가 맡은 개회사, 강의, 폐회사 등을 좀 더 빈틈없이 하려고 노력했습니다. 덕분에 매일 저녁 거래선들과 함께하다 보니 몸은 좀 힘들었습니다만, 즐거움은 배가 되었다고 생각합니다. 그리하여 저는 폐막식에서 '맥주 빨리 마시기 대회'의 승자, 남녀 각 세 명에 대한 시상자로 무대에 올라 '저를 포함한 7인의 승부'를 제안하는 객기를 부리고 말았습니다.

역시나 저는 꼴등을 했고, 고객들이 외치는 "벌주! 벌주! 벌주!" 함성에 한 잔을 더 마셔야 했습니다. '내가 조금 망가져서 행사 분위기가 더 달아오른다면 무엇을 못하랴' 하는 생각으로 세상에서 가장 달콤한 벌주를 맛볼 수 있었습니다.

진행팀이 특급 호텔에서 3박 4일간 행사를 진행한다는 사실 때문에 내부적으로 오해가 적지 않은 걸로 압니다. 호텔에서 행사를 한다고 하면 마치 회사 업무를 제쳐 두고 휴가를 가는 것으로 생각하는 사람들도 있습니다. 그러나 정작 진행팀은 행사 준비와 진행 때문에 컵라면으로 식사를 때우거나 아예 그마저도 못 먹고 끼니를 거르는 일이 다반사라고 하면 현장의 상황이 조금은 이해될지도 모르겠습니다. 그 큰 호텔에서도 공간이 부족해 각종 자료와 소도구로 가득한 객실의 중간에 병풍을 쳐 한쪽은 간이 숙소로, 한쪽은 진행본부로 써야 했습니다. 그런 환경 속에서 고객별 명패 작성, 사진 및 수료증 분류, 공장 견학 시 사용할 동시통역용 이어폰 준비 등 진행팀이 '가내 수공업'이라 부른 그 현장을 보았다면 그들의 노고를 충분히 이해할 수 있을 겁니다.

그런데 그렇게 분초를 다퉈가며 바쁘게 움직이는 속에서도 생일을 맞이한 동료를 위한 깜짝 이벤트가 있었답니다. 생일 축하 이벤트라고 해서 거창하게 생일 케이크와 선물을 준비했다고 생각하면 오산입니다.

생일을 맞은 남사원을 위해 여사원들끼리 모의(?)를 했다고 합니다. 지시한 업무를 제대로 수행하지 못했다며 선배 여사원이 신참 여사원을 질책하고, 신참 여사원은 이에 반발하기로 한 것입니다. 그런데 실은 그 업무 지시가 남사원도 함께 받았던 것이라고 합니다.

그렇게 신참 여사원은 선배에게 반발하다 울면서 방에서 뛰쳐나갔고, 선배는 그런 후배를 다시 데리고 들어와서 "울면 문제가 해결되느냐?"라며 다그쳤다고 합니다. 남사원이 그 자리에 있기가 불편해서 어쩔 줄 몰라 하는 어색한 상황을 극한으로 몰고간 뒤, 갑자기 그 방안의 모든 사람들이 이렇게 합창했다고 합니다.

"Happy birthday to you!"

그제야 그 모든 상황이 자신의 생일을 축하하기 위한 동료들의 계획임을 알게 된 남사원은 눈물을 흘렸다고 합니다.

그날 오후 그 이야기를 전해 들은 저는 일반 객실의 반을 막아 사용했던 그 좁은 운영본부에서 벌어진 광경을 상상해봤습니다. 그 남사원은 여사원들이 눈물을 흘리며 펼치는 열연 속에서 당혹감을 느끼면서도 자리를 피할 수는 없었을 겁니다. 자신도 받았던 지시에 대해 후배 여사원만 질책받는 극도로 미안한 상황에서 갑자기 그 자리에 있던 모든 사람들의 생일 축하를 받으며 그가 느꼈을 감동과 고마움……. 저 또한 마치 현장에 있었던 듯, 그 기분을 생생히 느낄 수 있었습니다.

우연히 그 이야기를 전해 들었을 때 저는 '이것이 바로 팀워크가 아닐까?' 하는 생각이 들었습니다. 행사 준비는 한시도 긴장을 늦출 수 없을 만큼 긴박하게 돌아가지만, 그런 상황 속에서도 이렇게 아이디어를 내서 동료의 생일을 축하해줄 수 있는 동료들과 함께 한다면 어떤 어려움인들 이겨내지 못하랴 싶었습니다.

그런 힘겨운 상황 속에서도 모든 팀원들이 일사불란하게 움직여서 완벽하게 행사를 치른 점에 대해 다시 한 번 감사와 치하의 말씀을 드립니다.

우리가 일을 하는 데 있어 팀워크가 중요한 건 두말할 필요도 없는 사실이지만, 팀워크는 모든 단체 운동이 똑같이 추구하는 것이기도 합니다.

예를 들어 박지성 선수나 손흥민 선수가 경기에서 골을 넣고도 팀이 진 경우 인터뷰 기사를 보면 항상 이렇게 말합니다.

"팀이 이기지 못하는 한 내가 골을 넣은 것은 의미가 없습니다."

자신은 홈런을 쳤지만 팀은 패한 날 추신수 선수 또한 인터뷰 기사에서 늘 "팀이 승리하지 않는 한 나의 홈런은 아무 의미가 없습니다."라고 하는 것도 같은 맥락이라고 생각합니다.

오죽하면 야구, 축구 등 단체 경기와 관련해서 '유니폼의 등 뒤에 적힌 내 이름을 위해 뛰는 게 아니라, 유니폼의 앞에 적힌 소속

팀을 위해 뛴다'는 말이 있겠습니까. 나 자신을 내세우기보다 팀을 먼저 생각하며 나를 희생하는 자세, 저는 이번 주 고객 초청행사를 주관했던 글마실 가족 여러분에게서 그런 모습을 보았습니다.

어떤 프로팀이 몇 차례 우승을 하면, 그 팀의 감독이 지장(智將)이냐, 덕장(德將)이냐, 아니면 복장(福將)이냐를 놓고 많은 말들을 합니다. 하지만 여러분과 함께 생활하고 있는 저야말로 정말 복이 많은 리더라고 생각합니다.

이번 주 행사 기간 내내 여러분 모두 힘든 내색하지 않고 맡은 일에 최선을 다하는 모습을 보면서 '내가 전생에 나라를 구했나? 어떻게 이런 사람들과 함께 일할 수 있는 복을 누리고 있지?' 하는 생각을 계속했습니다. 덕분에 '머지않아 내 젊음을 함께했던 회사를 떠나게 되는 날 내가 남길 마지막 인사는 〈여러분과 함께할 수 있어서 행복했습니다〉가 되겠구나!' 하는 생각으로 일주일을 지낼 수 있었습니다.

나의 두 번째 이력서는
남이 써주는 것이다

　제가 후배 임직원들과 대화할 때 많이 했던 말이 있습니다.
　"우리 인생에서 첫 번째 이력서는 내 손으로 쓰지만, 두 번째 이력서부터는 남의 손에 의해 쓰인다."
　직장 생활을 하는 데 있어 평판이라는 게 얼마나 중요한지 강조한 말입니다. 특히 회사의 인사 발표에서 새롭게 승진한 간부들을 축하하는 자리에서 이 말을 꼭 하곤 했습니다. 그러면서 승진의 기쁨에 도취되어 세상 무서울 것 없이 어깨에 힘이 잔뜩 들어간 후배들에게, 좀 더 차분히 행동할 것과 승진에서 누락된 동료들을 배려해 기쁜 내색을 조금은 자제할 것을 당부하곤 했습니다.

독일에 주재하고 있던 시절의 일입니다. 어느 날 미국 회사로부터 메일 한 통을 받았습니다.

Mr. Yoo! 과거에 삼성의 당신 부서에서 근무했던 Mr. L을 우리 회사에 채용하기 위해 그의 과거 평판을 확인하려 했더니 Mr. L이 자신을 가장 잘 아는 사람으로 당신을 지목하더군요. 이번 주 중 통화가 가능한 시간을 알려주면 우리가 전화를 드리겠습니다.

제가 가능한 날짜와 시간을 알려주자 그들이 그 시각에 맞춰 제 사무실로 전화를 걸어왔습니다.

"Mr. Yoo! 이렇게 시간을 내줘서 고맙습니다. (먼저 자신들의 회사에 대한 설명을 간단히 한 뒤) 이곳 미국의 본사에서 저희들은 스피커폰으로 참여하고 있고, 본 통화에 참석하고 있는 사람은 CEO인 저와 CFO, CTO 이렇게 세 명입니다. 먼저, 당신에 대한 소개를 부탁드립니다."

"저는 삼성에서 20년을 근무했고, 현재 유럽판매 법인장을 맡고 있습니다. 따라서 명함에는 'president'으로 표기되어 있지만, 실제 본사에서의 직급은 상무입니다."

"네, 알겠습니다. 메일로 말씀드린 바와 같이 Mr. L을 저희 회사의 아시아 시장을 총괄하는 영업 책임자로 채용할까 합니다만, 어떻게 생각하십니까?"

"만일 귀사에서 그를 채용한다면 당신들은 로또(Lotto)에 당첨된 것과 같다고 말씀드리고 싶습니다. 그처럼 유능하고 성실한 인물을 찾기는 쉽지 않다는 사실만큼은 제가 자신 있게 말씀드릴 수 있습니다."

그 뒤에도 많은 대화가 오간 뒤 그들이 또 질문을 던졌습니다. 아마도 이 내용이 그들이 저를 통해 진정으로 확인하고 싶었던 부분이 아니었을까 싶습니다.

"그렇다면, Mr. L의 단점에 대해서도 말씀해주실 수 있겠습니까?"

"구태여 그의 단점을 짚으라면 두 가지가 있을 듯합니다."

"(반색하며) 그렇습니까? 그 두 가지에 대해 말씀해주시면 고맙겠습니다."

"첫 번째 단점은 그가 술을 일절 마시지 않는다는 점입니다. 그의 근무지가 미국이라면 그리 문제가 되지 않을 수도 있지만, 만일 그의 근무지가 한국이 포함된 아시아 시장이라면 시장 특성상 영업 총괄이 술을 못 마신다는 점이 핸디캡으로 작용할 수도 있다고 봅니다.

또 한 가지는, Mr. L의 출중한 능력 때문일 수도 있지만 그가 최초의 직장이었던 삼성을 떠난 뒤, 지난 수년간 이미 회사를 몇 차례 더 옮긴 이력이 있다는 점입니다. 물론 저 또한 유럽에서 현지 직원들의 채용 면접을 봐왔기에 유럽이나 미국 시장에서는 잦은 이직이 그리 큰 단점이 아닐 수 있겠다는 생각이 들기도 합니다만, 잦은 전직이 흔치 않은 한국 사회에서는 단점이라고 볼 수도 있을 것 같습니다."

"Mr. Yoo! 솔직히 말씀해주셔서 고맙습니다. 사실 저희들도 Mr. L의 능력을 높이 사서 채용을 해야겠다고 생각은 하면서도 당신이 지적한 두 가지 사항이 걸려 좀 망설이던 중이었습니다. 특히, 당신이 지적한 두 번째 사항에 대해 말씀드리자면, 비교적 전직이 잦은 미국 사회에서도 짧은 기간에 몇 차례 직장을 옮기는 것은 분명한 감점 요인입니다."

(…중략…)

"다른 하실 말씀이 없다면 이만 끊어도 되겠습니까?"

"네, Mr. Yoo, 시간 내주신 점, 특히 솔직하게 다 말씀해주신 점에 대해 감사드립니다. 저희가 우려하고 있던 Mr. L의 단점을 정확히 짚어주셔서 앞서 언급하신 그의 장점에 대해서도 100퍼센트 믿음을 갖게 되었습니다."

그날 통화는 그렇게 마무리되었고, 후에 Mr. L이 그 회사에 입사했다는 소식을 들을 수 있었습니다. 그때 저는 '아! 나도 내 손으로 다른 사람의 이력서를 하나 써줬구나!' 하는 생각을 했습니다.

과거에는 승진을 앞두고 특정 인물에 대한 평판 조사를 위해 그가 속한 부서원들, 또는 타 부서원들에게 물어보면 '좋은 게 좋은 거지'라는 생각에 좋은 말만 써주는 경우가 많았습니다. 또, 사내에서 강의가 끝난 뒤 수강생들에게 강사에 대한 평가를 받아봐도 그런 경향이 강했습니다.

하지만 요즘에는 대부분 '있는 그대로', 어떤 면에서는 '신랄한' 평가를 하는 편입니다. 그만큼 남이 써주는 나의 이력서에 좋은 내용만 가득 차 있기를 기대하기가 어려워졌다고 볼 수 있습니다.

영업 부문이야 워낙 을의 입장에서 생활하는 게 몸에 배어 있어 그런 경우가 드물지만, 저는 사업부장을 맡고 있을 때 구매부서나 개발부서 등 종종 갑의 입장에서 거래선을 만나는 부서의 직원들에게 이런 말을 해주곤 했습니다.

"자네들이 공급자들을 만날 때, 그들이 앞에서 머리를 숙이고 자세를 낮추는 게 자네들이 아닌 자네들이 속한 회사를 보고 그러는 것임을 잊지 말게나."

"현직에 있을 때 앞에서 머리 숙이는 공급자들을 보고 자신이 대단해서 그러는 줄 알고 기고만장했던 사람들이 막상 회사를 떠나 한 사람의 자연인으로 돌아갔을 때, 과거에 자기 앞에서 자세를 낮추던 사람들의 태도가 돌변해 놀라는 경우를 많이 봤다네. 그러니 자네들이나 나나 언젠가 회사를 떠난 뒤 회사라는 배경이 없는 '자연인으로서의 내 모습'에 당황하고 낙담하지 않으려면 현직에 있을 때부터 착각하지 말고, 겸손하게 생활하도록 하세."

후배 중에는 이 말을 귀담아들었던 사람도 있을 테고, 한쪽 귀로 흘린 사람도 있을 것이라 생각합니다. 저도 세월이 흐른 뒤에야 선배들의 말이 무슨 뜻인지 제대로 이해한 적이 많았듯 후배들도 세월이 지나면 자연히 알게 될 테니, 선배로서 너무 걱정할 필요는 없겠지요?

내 일, 남 일
구분 짓지 않기

약 20여 년 전 과장 시절의 일입니다. 어느 날 늦은 오후 총무부에서 도움을 청하는 전화가 왔습니다. 당시 환경 보호 교육을 받기 위해 우리나라에 입국해 있던 아시아 20여 개 국가의 관리들이 다음 날 견학을 위해 우리 회사를 방문하니, 자료 발표와 현장 답사 시 통역을 해달라는 요청이었습니다.

물론 지금은 조직이 훨씬 강화된 환경안전팀이 있어서 그런 일이 있을 때 타 부서에 통역을 부탁하는 경우는 없습니다. 하지만 20여 년 전만 해도 '외국어를 하는 인력 = 해외영업 인력'이라는 등식이 거의 모든 직원의 인식에 박혀 있어 그런 부탁이 가능했던 시절이었습니다.

총무부서의 도움 요청에 "발표할 자료는 어떻게 준비되어 있고, 누가 발표를 합니까?" 하고 물어보니 한글로 약 20여 장의 자료가 준비되어 있고, 발표는 총무부 직원이 한국어로 할 테니 그것을 영어로 통역을 해달라는 답이 돌아왔습니다.

그런데 20여 개 국가에서 온 30여 명의 정부 관리들을 대상으로 발표하는 자료가 한글로 되어 있다는 말을 듣는 순간, 여러 생각이 교차했습니다.

'그래서는 안 될 것 같다'는 생각이 스쳤지만, 이미 퇴근 시간이 임박한 시각에 20여 장의 자료를 혼자 영어로 번역하겠다고 선뜻 말하기도 곤란한 상황이었습니다. 그래서 저는 "일단 알겠습니다. 통역은 하겠습니다. 그런데 한글로 된 자료를 얼른 보내주셨으면 합니다. 해외 영업을 하는 제게 환경 안전과 관련된 용어는 생소할 수 있으니 용어라도 공부를 해놓아야 그나마 통역도 할 수 있을 듯합니다." 하고 전화를 끊었습니다.

그리고 급히 부서 회의를 소집했습니다. 당시 7~8명이었던 과원들과의 회의에서 저는 상황을 설명했습니다. 정부에서 견학 장소로 우리 회사를 지목한 것은 그동안 우리 회사가 정부로부터 수

년간 환경 관련 상을 받았던 점을 고려한 결정이었을 것이다, 한국에서 환경 관리가 가장 잘되고 있는 회사라고 모셔온 손님들인데, 영어가 아닌 한글로 된 발표 자료를 보여주는 건 회사의 이미지 손상을 넘어 나라에도 누를 끼치는 일이 아니겠느냐고 이야기했습니다. 그리고 총무부서에 번역까지 약속하지는 않았지만, 만일 우리 부서원들이 모두 동의한다면 오늘 밤 내로 이 자료를 영어로 번역해서 내일 아침 손님들을 맞이할 때 깔끔하게 영문 자료로 소개했으면 좋겠다는 말로 마무리를 지었습니다. 그러자 부서원들이 이렇게 말했습니다.

"그런 일이라면 당연히 해야죠. 20여 쪽이면 각자 서너 장씩만 번역하면 되겠네요. 그럼, 몇 시간이면 끝날 것 같은데요? 우선 저녁부터 든든하게 먹고 오죠."

그렇게 식사 후 부서원 전원이 달라붙어 그날 저녁에 번역을 마칠 수 있었습니다.

덕분에 그다음 날 총무부 직원의 한국어 브리핑에 이어 영어로 통역하는, '순차 통역'의 번거로움 없이 제가 직접 영어로 발표를 함으로써 시간도 절약했을 뿐 아니라, 방문객들도 집중해서 듣는 분위기 속에서 순조롭게 브리핑을 마칠 수 있었습니다.

자료 발표에 이은 질의응답을 마친 뒤, 현장 답사 시간에는 회사의 제조 공정에서 발생하는 각종 폐수와 빗물 등의 오수를 어떻게 재활용하는지, 정화 과정은 어떻게 되는지를 보여줬습니다. 정화 과정을 거치면 완전히 깨끗한 물이 되기 때문에 이를 다시 제조 공정에 투입해서 사용할 수 있으므로 이론적으로는 공장에서 물을 무한 반복해서 사용할 수 있음을 설명했습니다. 특히, 건기에는 회사 옆을 흐르는 원천천의 수질 악화를 막기 위해 정화시킨 물의 일부를 방류함으로써 원천천의 최소 수위를 유지해 환경 보호를 하고 있다는 사실도 알렸습니다. 이어서 방류되기 전 물을 모아놓은 연못에서 물고기가 펄떡이며 살고 있는 모습을 보여주자 방문객들은 크게 감명받은 듯했습니다.

그날 저녁 부서원들과 저녁을 함께하며 전날 밤 늦게까지 애써준 것에 대한 감사의 마음을 전했습니다. 그러자 부서원들이 이구동성으로 "이번 통역 작업을 통해서 환경 관련 용어를 배운 것은 물론, 우리 회사가 환경 보호를 위해 어떤 시스템을 갖추고 있고 어떤 활동을 하고 있는지 알 수 있게 되었습니다.", "앞으로 해외 거래선과 상담할 때 환경과 관련된 이야기가 나오면 대화를 나누는 데 큰 도움이 될 것 같습니다."라고 하는 것이었습니다.

저는 회사 일을 하는 데 있어 내 부서, 네 부서 일을 가리지 않고 적극적으로 대응해준 그들이 고마웠습니다. 또한, '그런 자세로 일을 한다면 결국 가장 덕을 보는 것은 우리 자신이 되겠구나.' 하는 생각이 들었습니다.

저는 이 일을 계기로 퇴근 시간이 다 된 늦은 시각에 타 부서에서 의뢰한, 어쩌면 우리 부서의 업무가 아닌 일을 하는 데 있어서도 부서원들이 그 일의 취지에 공감만 한다면 기쁜 마음으로 임할 수 있다는 사실을 배웠습니다. 초임 과장 시절에 겪었던 그 경험은 그 후로 제가 업무를 대하는 자세와 부서원들과의 대화 방식 등에 많은 영향을 끼치게 되었습니다.

한 장의
행복

제가 근무했던 삼성전기는 종합전자부품 회사로서 지난 40여 년간 휴대전화, 텔레비전, PC 등 각종 전자제품에 들어가는 부품을 개발하고 제조해왔습니다.

창사 이래 개발했던 수많은 신제품 중에는 외국산 부품에 의존하던 국내 완제품 업계에 수입 부품보다 가격과 품질 면에서 경쟁력 있는 제품을 공급함으로써 국내 세트(SET) 업계의 국제 경쟁력 제고에도 기여한 제품들이 많이 있습니다. 반면, 개발 도중 시장 변화로 인해 개발을 중단하는 등 제대로 꽃을 피워보지도 못하고 사라져버린 제품들도 있습니다.

연구소에서 개발한 제품 중에 사업화가 제대로 안 되어 고전하던 한 제품이 있었습니다. 그 제품은 연구소에서 수년간 개발한 끝에 거의 완성 단계에 도달했는데, 마지막 고비를 넘기지 못하고 있었습니다. 결국 회사는 연구소에 소속되어 있던 그 제품을 사업부로 이관해서 사업화 과정을 밟기로 결정했고, 제가 속해 있던 사업부로 그 제품을 이관하게 되었습니다.

당시 제가 소속된 사업부 산하에는 두 개의 사업팀이 있었고, 저는 그중 하나를 맡고 있었습니다. 그런데 이관되어 온 그 제품은 두 개의 사업팀 중 어느 곳에도 속하지 않고 사업부장이 직할하는 것으로 결정된 관계로 저는 그 제품과 직접적인 관련은 없었습니다. 다만 2주에 한 번씩 그 제품의 개발·제조 간부들이 사업부장을 비롯한 사업부의 경영진에 업무 보고를 하는 회의에는 참석해야 했습니다. 따라서 사업화 진행 상황에 대해서는 파악하고 있었습니다.

어느 날 여느 때처럼 회의가 시작되었는데 사업부장이 사장과의 회의가 길어져서 나올 수가 없으니 신규사업의 회의를 대신 주관해서 진행해달라는 메모가 왔습니다. 사업부장의 불참으로 회의 참석자들 가운데 좌장이 되어버린 제게 업무 보고를 하겠다는 그들을 보며 이렇게 말했습니다.

"제가 직접 담당하는 사업도 아니고 하니 제게 보고를 할 필요는 없습니다. 다만, 매번 회의에 참석해서 여러분이 2주일간 추진했던 개발, 제조 관련 사항을 사업부장께 보고하는 모습을 보면서 여러분에게 꼭 해주고 싶은 말이 있었습니다.

그것은 여러분이 지난 수년간 고생해서 개발한 것이 아직 마지막 고비를 넘지 못하고 있지만, 제가 보기에도 최선을 다해 목표를 향해 한 걸음씩 나아가고 있는 것이 확실히 느껴진다는 점입니다. 저는 이 자리를 빌어 여러분 모두 용기를 잃지 말고, 힘내라는 말을 전하고 싶습니다.

매번 이 회의에 참석할 때마다 꼭 이 말을 해주고 싶었습니다만, 사업부장께서 주관하시는 회의에서 제가 여러분의 활동에 대해 강평하는 듯한 발언을 하는 건 주제넘은 짓인 것 같아 말을 삼가고 있었습니다. 꼭 좋은 결과가 있을 것이라 믿으며 계속 응원할 테니 여러분도 마지막 고비에서 좌절하지 말고 힘을 내주기 바랍니다."

저는 이 말을 끝으로 그날 회의를 마쳤습니다.

그러나 부서의 전원이 최선을 다했음에도 그 제품이 완벽한 품질과 수율을 확보하지 못하는 상황으로 이어지고 있었습니다. 그러다 그해 연말 임원인사에서 제가 전무로 승진하여 다른 사업부의 사업부장으로 자리를 옮기고, 곧이어 회사에서 그 신규사업을 제가 맡은 사업부로 이관한다고 발표했습니다. 즉, 아직 사업화가 되지 않아 투자비만 계속 들어가고 있는 신규사업이 제가 맡은 사업부로 이관된 것입니다.

  40여 명의 직원들을 맞이하게 된 저는 사업부 인사부서에 "새로운 가족들을 맞이하는 자리이니 정성을 다해서 환영회를 준비하라."라고 지시했습니다. 이미 지난 수년간 연구소에서 사업부로 이관되었다가 이번에 다시 우리 사업부로 오는 등 부서를 수차례 옮겨 다닌 그 부서의 직원들은 스스로를 '이리저리 발길에 채여서 쫓겨 다니는 럭비공'처럼 여길지도 모른다는 생각이 들었습니다. 그래서 혹시라도 그들이 마음에 상처를 갖고 있다면 감싸주자는 생각으로 우리 사업부의 임원들은 특별히 다른 선약이 없으면 전원 환영 회식 자리에 참석할 것을 당부했습니다.

  그렇게 해서 마련된 환영 회식 자리. 약 40여 명의 전입 직원들, 사업부의 일부 임원들, 간부들이 참석한 환영회는 따뜻한 분위기에서 진행되었습니다. 그런데 각자 자기소개를 하고 각종 기상천외한 퀴즈를 통해 상품을 주는 등 재미있게 진행되던 행사가 거의 끝나갈 무렵, 인사부서 소속의 진행자가 '한 장의 행복'이라는 게임을 제안했습니다.

진행자의 설명을 들어본즉슨, 먼저 참석자 전원이 지폐를 한 장씩 꺼내 들고 옆에 앉은 사람과 두 명씩 한 짝을 이뤄 가위바위보를 합니다. 그리고 이긴 사람이 진 사람의 손에 있는 지폐를 받고, 승리한 절반의 사람들끼리 또 두 명씩 한 짝을 이뤄 가위바위보를 해 최종적으로 이긴 한 사람이 그 자리에서 나온 지폐를 독식하는 게임이었습니다. 만약 천 원권 지폐를 가진 사람과 오만 원 권을 가진 사람이 겨뤄 천 원권을 가진 사람이 이기면 오만 원 권을 가져간다는 게 규칙이었습니다.

　게임 방식에 관한 설명을 들은 저는, 일단 임원들은 오만 원 권을 꺼내고, 간부들은 만 원 권, 사원들은 천 원 권을 꺼내서 게임을 시작하자고 제안했습니다.

　저는 워낙 가위바위보에 소질이 없어 당연히 첫 번째 라운드에서 탈락할 거라고 생각했습니다. 그런데 그날따라 참 이상하게도 저의 예상이 딱딱 들어맞았습니다. 첫 번째 상대의 넓적하게 생긴 얼굴을 보는 순간, '이 친구, 아무래도 보를 낼 것 같다'는 생각이 들어 가위를 내니 정말로 그 친구가 보를 내는 것이었습니다.

　그렇게 첫판을 이기고, 두 번째 만난 상대의 단단해 보이는 얼굴을 보는 순간, '이 친구, 바위를 낼 것 같은데?'라는 생각에 보를 냈더니 예상대로 상대가 바위를 내서 또 이기고, 세 번째 상대의 날

카로운 눈을 보는 순간, '이 친구는 가위를 낼 것 같다'고 여겨 바위를 내서 또 이기고…….

이렇게 제가 상대의 얼굴을 보고 예상한 대로 움직여준 바람에 결국 최종 4강전에까지 진출하게 되었습니다.

그렇게 4강 진출자로 전면의 무대에 오른 선수(?)로는 저와 또 다른 임원, 그리고 우리 사업부에 새로 전입한 그날 행사의 주인공인 제조 부서의 여사원 두 명이었습니다. 결국 저는 한 여사원을 이기고 다른 임원은 또 다른 여사원에게 패해서 저와 여사원이 3판 양승제의 결승전에서 만나게 되었습니다.

그때 진행자가 큰소리로 제게 물었습니다.

"사업부장님, 여사원에게 양보하실 생각이 없으신지요? 양보하실 생각이 있다면 이번에 무엇을 낼지 예고하시죠."

"만일 제가 이겨도 한 푼도 가져가지는 않겠습니다. 다만, 게임은 공정하게 끝까지 하는 것이 재미있을 듯합니다."

제가 그렇게 말하고 결승전을 진행했습니다. 결과는 2 : 1로 저의 승리! 결승전에 올라온 여사원의 손에 있던 돈과 제 손에 있던 돈을 합해보니 총 33만 3천 원이었습니다. 저는 사회자에게 그 돈을 삼등분하라고 부탁한 뒤 이렇게 말했습니다.

"오늘 이 자리를 보니 임신부가 두 분 있는 듯합니다. 그분들은 앞으로 나오기 바랍니다. 오늘 이 상금은 최종 결승전에 올라온 여사원과 임신부 두 분, 이렇게 세 분께 각각 11만 1천 원씩 나눠드리도록 하겠습니다."

전원이 박수를 치고 환호하는 속에 몇몇 직원들이 상금을 받은 여사원들에게 "내일 점심에 한턱내세요."라고 하자, 여사원들도 흔쾌히 그러겠노라고 답하는 소리를 들을 수 있었습니다. 그래서 저는 "혹시 여러분 중에 내일 점심 해장이 필요한 사람이 있으면 부장이 주관해서 회식을 하고 그 영수증을 제출하세요. 회사에서 그 영수증을 처리해줄 테니, 오늘 드린 상금은 세 분이 각자 개인적인 용도로만 사용하길 바랍니다. 특히, 임신부들은 태어날 아기를 위해서 꼭 좋은 것을 드시고요."라고 말했고, 그날 행사를 즐겁게 끝낼 수 있었습니다.

그다음 날 제 메일함에는 이런 내용의 이메일이 도착했습니다.

사업부장님, 저는 내일부터 출산 휴가에 들어갑니다.
사업부를 옮기고 환영 회식이 있다는 말을 듣고 사실은 참석하지 않을 생각이었습니다. 이미 저희 부서가 이곳저곳으로 옮겨 다닌 상황에서 '환영회라고 해봐야 뻔한 말들이 오가고 술이나 마시지 않을까?' 하고 생각했었습니다.

그런데 어제 사업부의 임원진까지 참석해서 저희를 진심으로 환영해주시는 것을 보면서 '아, 이 자리에 참석하지 않고 출산 휴가를 갔다면 많이 후회할 뻔했구나!' 하는 생각을 했습니다. 출산 휴가에 들어가기 전에 이렇게 따뜻한 사업부에 근무하게 되어 감사하다는 말씀을 꼭 전하고 싶어 메일을 드립니다. 기쁜 마음으로 휴가 다녀오겠습니다. 감사합니다.

그로부터 반년이 지난 뒤 그 신규사업은 정상궤도에 진입했고, 1년이 지나면서부터는 상당한 수준의 이익을 창출하는 부서가 되었습니다. 그렇게 하나의 신규사업이 회사의 '미운 오리'에서 '우아한 백조'로 변신하는 모습을 지켜볼 수 있었습니다. 저는 '꾀부리지 않고 묵묵히 최선을 다하는 직원들에게 그들이 활동할 수 있는 공간을 마련해주고, 조직의 장(長)으로서 외풍을 막아주는 울타리 역할을 하며 믿고 기다려주면 반드시 성과를 만든다'는 믿음이 틀리지 않았음을 증명해준 그들이 한없이 고마웠습니다.

물론 신규 사업부서 직원들의 성실함과 열정을 생각하면 그들이 꼭 제가 맡은 사업부로 전입오지 않았더라도 결국 사업화에 성공했으리라 확신합니다. 그러나 그때의 경험을 통해, 사업의 성패에 있어서 무엇보다도 중요한 것은 그 사업에 몸담고 있는 사람들의 자세와 마음가짐이라는 사실을 새삼 배울 수 있었습니다. 결국, 오랜 기간이 걸리더라도 묵묵히 어려움을 견뎌내며 한 걸음씩 앞으로 나아간 사람들이 있기에 새로운 제품도 제자리를 잡게 되고 회사도 발전한다고 생각합니다.

돌이켜보면, 가위바위보를 하면 거의 지는 게 일이었던 제가 그날 '한 장의 행복' 게임에서 최후의 승자가 되어 환영회를 훨씬 더 멋지게 마무리할 수 있었던 건 '새로운 가족을 따뜻하게 맞이할 수 있도록' 하늘이 도와주신 게 아니었을까 생각합니다.

사업의 수명은
사람이 결정한다

브라질에 주재원으로 파견된 첫해, 시장 조사 끝에 사업 가능성을 본 것은 '위성방송 수신기 시장'이었습니다. 브라질의 광활한 국토 때문에 위성방송 수신기 시장이 커지고 있었는데, 이는 당연히 전자 부품을 만드는 우리 회사 입장에서는 좋은 기회였습니다.

그 시장의 역학구도는 전체 시장의 절반 이상을 점유하고 있는 '절대강자 A사'와 기타 '10여 개의 군소업체'들로 구성되어 있었습니다. 저는 사무소 개설 초기 A사와 거래를 시도했으나, 일본과 유럽의 업체로부터 부품을 구입하고 있던 A사는 더 이상 신규 부품 공급사가 필요하지 않다며 터무니없는 가격과 거래조건을 요구해 왔습니다. 그래서 저는 군소업체들을 먼저 공략하는 쪽으로 방향을 정하고, 일단 모든 업체들을 직접 만나 업체별 상황을 확인했습니다.

당시 브라질의 위성방송 수신기 시장에는 워낙 새로운 회사가 많이 생겨나고 그만큼 많은 회사가 문을 닫는 등 부침이 심했기에 제품을 판매하기보다 어쩌면 미수금 사고를 피하는 게 더 중요할 수 있다고 판단한 것입니다.

그래서 저는 제품을 한국에서 선적하기 직전에 대금을 미리 받는 방식으로 거래를 진행했습니다. 이렇게 선수금 방식으로 거래하면 제품을 넘겨주고도 돈을 떼이는 최악의 상황은 피할 수 있습니다.

하지만 제품을 다 만들어놓았는데도 거래선이 시황 변화와 자금 사정 악화 등으로 인해 물품 대금을 송금하지 않는 경우도 고려해야만 했습니다. 만약 그런 일이 터지면 다 만들어놓은 제품은 물론 추가 생산을 위해 이미 준비한 부품 등을 우리 회사가 고스란히 떠안아야 하므로, 사실 선수금 방식의 거래도 주의가 필요한 건 마찬가지입니다.

모든 군소업체들을 접촉한 결과, C사, P사, B사 등 몇 개의 회사를 목표 거래선으로 추출해낼 수 있었습니다. 당시 제가 목표 거래선을 추출하는 데 있어 가장 주안점을 둔 사안은 회사의 규모보다는 '사장의 인간성'이었습니다. 시장의 변화는 내가 어찌할 수 없지만, 최대한 믿을 만한 사람을 찾아 거래한다면 위험을 최소화할 수 있을 거라 생각했기 때문입니다. 그렇게 신중을 가해서 선택한 3개 사와는 모두 거래가 성사되었습니다.

그중에서도 특히 기억에 남는 인물은 C사의 W사장입니다. 제가 처음 W사장을 만났을 당시 C사는 설립된 지 3년에 불과한, 브라질 위성방송 수신기 시장의 3퍼센트 정도를 점하고 있는 작은 규모의 회사였습니다. 하지만 몇 번의 만남에서 말수는 적지만 약속은 반드시 지키는 W사장을 보며 믿을 만한 사람임을 직감할 수 있었습니다.

C사가 임대 공장 생활을 끝내고 공장을 건립하여 이사를 한 날, 저는 기념식수와 회사 발전을 기원하는 내용이 새겨진 동판을 얹은 머릿돌을 전달하는 등의 정성을 쏟은 끝에 결국 그 회사가 필요로 하는 부품을 우리 회사가 전량 공급하게 되었습니다.

그런 거래 관계는 제가 브라질에 주재하던 시절은 물론 20년이 지난 지금까지도 이어지고 있고, 그동안 사세가 급성장한 C사는 이미 수년 전부터 브라질의 위성방송 수신기 시장의 절대 강자로 자리매김하고 있으니 결국 서로 '윈윈(win-win)' 하는 거래가 아니었나 생각합니다.

초기 접촉 시 콧대가 높았던 시장의 절대강자 A사가 그 뒤 약 1년이 지나 우리와 거래하는 업체들이 급성장하자 '만일 현재 귀사가 거래를 하고 있는 브라질 내의 C사, P사, B사 등 모든 수신기 업체들과의 거래를 끊고 우리 회사하고만 거래하겠다고 약속한다면 거래할 용의가 있다.'라고 제안해왔습니다.

하지만 저는 '삼성은 이미 제품을 공급하고 있는 거래선들과의 관계를 그런 이유로 단절하지는 않습니다.'라고 하며 그들의 제안을 정중히 거절했습니다. 그런데 무리하게 사업을 확대하던 A사는 그 후 채 1년이 지나지 않아 파산하고 말았습니다. 그때, 사업상 사람 관계와 신의를 지키는 일이 얼마나 중요한 일인지를 실감할 수 있었습니다.

W사장을 생각하면 항상 떠오르는 기억이 있습니다. 브라질 주재를 마치고 귀국해서 1년쯤 지났을 때, W사장으로부터 한국에 갈 테니 만나자는 연락이 왔습니다. 당시 거래상 특별한 현안 문제점도 없는 상태였고, 영어를 전혀 못 해 해외 출장을 잘 가지 않는 W사장이 한국에까지 출장을 온다기에 무슨 일인지 궁금했습니다.

특히, 업무에 관한 이야기가 아니니 회사를 방문할 계획은 없고 주말에 서울에서 보자는 그의 말이 더욱 의아했습니다.

그렇게 주말에 만나 반나절을 함께 하면서도 용건을 말하지 않던 그가 저녁 식사 자리에서 어렵게 입을 열었습니다.

"혹시… Mr. C의 가족을 찾아낼 수 있겠습니까? 그에게 초등학생 아이가 하나 있는 것으로 아는데, 혹시 가족을 찾아낸다면 그 아이가 대학교를 졸업할 때까지 내가 학비를 지원하고 싶다는 뜻을 전해주기 바랍니다."

C사장은 제가 브라질에 주재원으로 부임하기 전에 한국 모 기업의 브라질 주재원으로 근무했던 분으로, 귀국 후 자신의 회사를 설립하여 사업을 하던 중 제가 한국으로 귀임한 얼마 뒤에 브라질 출장을 갔다가 권총 강도를 당해 돌아가셨습니다. W사장은 C사장이 브라질에 주재할 때 친분을 맺었던 사이였고, 그가 브라질에 출장을 올 때면 자동차와 휴대전화를 빌려주는 등 각종 도움을 줬던 사실을 저 또한 잘 알고 있었습니다.

그랬던 C사장이 브라질에 출장을 왔다가 변을 당했다는 게 마음에 걸린다며 미망인을 찾아 위로의 말과 함께 자신의 뜻을 전해달라고 하는 순간, 저는 왜 그가 업무도 없이 한국에 와서 저를 만나자고 했는지, 만난 뒤에도 왜 온종일 말을 꺼내지 못하고 기회를 엿보다 저녁을 먹는 자리에 와서야 입을 열었는지를 이해할 수 있었습니다. 그의 따뜻한 마음이 제 깊은 속까지 전해져왔습니다.

"W사장, 같은 한국인으로서도 생각하지 못한 일을 제안해주신 당신께 제가 먼저 한국인으로서 감사의 말씀을 드립니다. 그분이 제안을 받아들일지는 알 수 없지만, 제가 반드시 미망인을 찾아 당신의 뜻을 전해드리겠습니다."

이렇게 약속을 한 뒤에 저희 회사 국내 영업팀 직원들의 도움을 받아 수소문한 끝에 그 부인께 W사장의 뜻을 전할 수 있었습니다. 그리고 그분으로부터 'W사장님의 마음은 감사히 받겠으나, 돌아가신 애 아빠가 다행히 저희 두 가족이 생활할 만큼은 남겨놓고 가서 학비 지원은 받지 않아도 생활할 수 있을 듯합니다. 아무튼 감사드린다는 말씀을 꼭 전해주십시오.'라는 회신을 받아 다시 W사장에게 전해줄 수 있었습니다.

지금도 W사장을 떠올릴 때면 '시장 변화에 따라 사업의 부침은 있을 수 있지만, 사람 됨됨이를 보고 접근하면 그 위험을 최소화할 수는 있다'는 저의 판단이 틀리지 않았다는 생각을 하곤 합니다. 비록 권총 강도가 난무하는 위험한 환경이긴 했지만 제가 브라질을 제2의 고향인 양 잊지 못하는 건 아마도 W사장이 보여준 것 같은 브라질 사람들의 따뜻한 마음 때문이 아닐까 싶습니다.

몸살 나게
출근하고 싶은 회사

제가 직장을 다니면서 꼭 구현하고 싶었던 것이 있다면 '몸살 나게 출근하고 싶은 회사'를 만드는 일이었습니다. 그런데 그런 꿈을 말할 때마다 많은 분들로부터 '실현 불가능한 이상'이라는 말을 들어야 했습니다.

일요일 밤 텔레비전에서 〈개그콘서트〉가 끝나면 화면에서 '월요일 출근 귀신'이라는 것이 스멀스멀 기어 나온다는 것이 모든 직장인들의 공통된 마음인데, 세상에 출근하고 싶은 회사가 어디 있느냐는 것이었습니다. 그것도 '몸살 나게 출근하고 싶은 회사'라니,

혹자는 그렇게 회사 생활이 재미있으면 아침 출근길에 회사 정문을 들어올 때 입장료를 받아야지, 웬 월급을 주느냐고 말하는 사람도 있었습니다.

하지만 저는 '출근하고 싶어 몸살이 날 지경인 회사'를 만드는 일이 결코 불가능하지 않다고 믿으며 살아왔습니다. 그리고 소위 월요병 또한 모든 직장인에게 당연한 건 아니라고 믿어왔습니다. 사원들의 복리후생과 근무환경 등에 많은 신경을 써서 직원들의 근무 만족도가 매우 높은 몇몇 회사들을 직접 방문했던 경험, 그리고 책을 통해서 접한 비슷한 사례들이 저의 그러한 믿음에 큰 영향을 미쳤으리라 생각합니다. 그러나 무엇보다 제가 이런 믿음을 갖게 된 데에는 브라질에 주재하던 시절 제 아들의 영향이 컸습니다.

당시 초등학교 저학년으로 국제학교를 다니고 있던 제 아들은 금요일 저녁이 되면 "내일하고 모레는 학교에 못 간다!" 하고 시무룩해지고, 일요일 저녁이 되면 "와! 드디어 내일 아침에 학교 간다!" 하며 기뻐하곤 했습니다. 제 아이가 모범생이거나 유별나서가 아니라, 학교가 아이들에게 스트레스를 주지 않으면서도 자연스럽게 학업을 즐길 수 있는 분위기를 조성해줬기 때문입니다.

물론 저 또한 당시 그런 아들의 모습을 보며 브라질에서 학교생활을 처음 해봐서 저러지, 한국으로 돌아가 전혀 다른 분위기의 학교에 적응하려면 고생깨나 하겠다고 걱정을 했습니다. 실제로 몇 년 뒤 귀국했을 때 그 우려가 현실이 되어 크게 고생을 하긴 했습니다만, 아무튼 당시 우리 아이에게 있어서 학교는 '몸살 나게 가고 싶은 곳'이었습니다.

당시 방과 후 귀가할 때면 학교 도서관에서 평일에는 한 번에 세 권, 금요일에는 다섯 권의 책을 빌릴 수 있었습니다. 매번 학생들은 책을 읽은 뒤 독서수첩에 책 제목을 적고 그 책을 읽었다는 부모의 확인 사인을 받았는데, 열 권을 읽으면 선생님이 별표 스탬프를 찍어주었습니다. 또, 오십 권을 읽어서 별표 스탬프가 다섯 개가 모이면 호박 스탬프를 찍어주는데 호박 스탬프를 받은 학생에게는 선생님이 학교 옆에 있는 햄버거 가게 쿠폰 한 장을 줌으로써 아이들이 자연스럽게 책을 많이 읽게 유도했습니다.

초등학교 1학년 때는 글자가 큼직한 책을 읽던 아이가 초등학교 3학년이 되자 글자도 작아지고 두께도 두툼해진 책을 주말에 다섯 권을 읽었다고 사인을 해달라고 했습니다. 한번은 '얘가 진짜 이걸 다 읽었을까?' 하는 의구심이 들어 아이에게 그 책의 내용을 말해보라고 했습니다. 술술 대답하는 아이를 보며 분명히 읽었음을 알 수 있었고, 그토록 자연스럽게 아이들이 책과 친해지도록 만든 학교의 교육방식에 감탄할 수밖에 없었습니다.

그렇게 1년에 200여 권의 책을 읽고 주말이 되면 월요일에 학교에 갈 시간만 손꼽아 기다리던 아들의 모습을 보며, 저는 '출근하고 싶어 몸살 나는 회사'를 만드는 일도 절대로 실현 불가능한 꿈은 아니겠다는 생각을 하곤 했습니다.

그런 회사를 만들기 위해 제가 기회가 있을 때마다 강조했던 것이 있습니다. 바로 '회사가 친목단체는 아니므로 업무상 스트레스는 피할 수 없겠지만, 인간관계에서 스트레스를 주고받는 일은 피하자'는 것이었습니다.

회사 내에서 각 사무실을 가보면 그 부서가 담당하고 있는 업무의 성격에 따라 분위기가 많이 다릅니다. 예를 들어, 기획·관리·인사부서는 핀 하나가 바닥에 떨어지는 소리도 거슬릴 것처럼 조용합니다. 반면 영업부서는 국내외 통화를 하는 직원들의 목소리로 항상 시끄러운 편입니다.

그런 소란스런 분위기 속에서도 가끔 엄청난 고성이 사무실에 울리는 경우가 있습니다. 그럴 때면 저는 일단 큰소리가 끝날 때까지 기다리며 상황을 파악하곤 했습니다. 거래선이나 사내의 다른 부서와 통화를 하면서 고성을 지르는 등 다양한 경우가 있었습니다만, 제가 특히 신경을 썼던 것은 간부가 부하 직원을 질책하며 고함을 지른 경우였습니다.

그럴 때면 저는 상황이 종료되고 난 뒤 그 간부를 제 방으로 불러서 무슨 일인지를 물었습니다. 간부의 설명을 들어보면 대부분 나름대로 화를 낼 만한 이유가 있었던 것은 사실이지만, 그때마다 저는 이렇게 말하곤 했습니다.

"자네가 목표로 했던 것이 그 부하 직원을 여러 사람들 앞에서 망신을 주고자 함이었나, 아니면 그의 잘못을 일깨워주고 바르게 지도해주기 위함이었나? 나는 물론 후자였을 것으로 믿네.

그런데 많은 사람이 다 듣는 자리에서 간부가 그렇게 고함을 지르면 부하 직원이 과연 '우리 부장님이 나를 지도해주려고 이러시는구나!'라고 생각할까? 그런 상황에서 부하 직원은 자신의 잘못을 뉘우치기보다는 그저 창피하다 느낄 테고, '아무리 그래도 그렇지, 다들 보고 있는데 이건 너무 심한 것 아닌가?' 하는 반감이 들지 않을까?

부하 직원을 칭찬할 일이 있을 때는 모든 사람들이 다 듣는 자리에서 큰소리로 하고, 질책할 때는 회의실로 불러서 단 둘이 앉은 자리에서 말하되 그 경우에도 가능한 한 낮은 목소리로 하게. 만일 자네가 해외 주재원으로 근무하면서 오늘 같은 방식으로 현지 직원을 꾸짖었다면 그 직원은 내일 출근하지 않을 거야. 그리고 이틀 뒤에는 그 직원이 '정신적으로 충격을 받아서 치료가 필요하다'는 병원진단서와 함께 회사를 상대로 수백만 달러짜리 고소를 했다는 통보를 변호사로부터 받게 될 걸세."

제가 근무했던 부서에서는 직원 모두가 협력해서 나름대로 '인간관계로 인한 스트레스'는 없는 분위기를 만들어왔다고 생각합니다. 물론 회사를 떠난 직원들도 있었지만 그 이직의 사유가 '인간관계로 인한 스트레스'라고 말하는 사람은 본 적이 없었고(물론 떠나는 사람이 본심을 말하지 않았는지까지는 모르겠습니다만), 큰 목소리로 질책하지 않는다고 대충대충 일하거나 최선을 다하지 않는 직원을 본 적도 없었습니다. 저는 이 점에 대해 항상 고맙게 생각해왔습니다.

제가 사업부장을 맡고 있던 어느 날, 인사부장이 부장회의에서 약 30여 명의 부장들에게 공지 사항을 전한 후 이런 말로 마무리를 했습니다.

"부장님들께 당부의 말씀을 드립니다. 사업부장님의 생각도 그러하고 하니 부장님들께서 너무 부서원들을 '쪼지' 마십시오."

인사부장의 마지막 말에 회의장의 분위기가 썰렁하게 가라앉자, 제가 이렇게 한마디를 덧붙였습니다.

"저는 오늘에야 알게 되었습니다. 포유류인 인간이 직장에서 부장급으로 승진하면 조류로 변화한다는 사실을요."

'뜬금없이 웬 조류 타령인가?' 하고 의아한 표정을 짓는 부장들에게 "방금 인사부장이 말했던 '쪼지 말라'는 표현은 조류에게나 사용하는 용어 아닙니까?"라고 하자, 모두 한바탕 웃었습니다.

저는 부서원들을 소위 '쪼는' 간부나 임원을 볼 때마다 '하루 열 시간 이상을 함께 지내는 직장 동료들이 실은 가족보다도 훨씬 더 오랜 시간을 같이하는 중요한 사람이라는 사실을 알고 있다면 과연 저럴 수 있을까?' 하는 생각을 하곤 했습니다.

저는 부서원들에게 스트레스를 가하고 쪼는 것과 실적이 개선되는 것은 하등 관련이 없다고 생각합니다. 운동선수들이 좋은 성적을 내려면 먼저 어깨에서 힘을 빼야 한다는 말이 있습니다. 직장에서도 역시 어깨에 힘을 잔뜩 넣고 부하 직원들을 소위 '찍어 누르는' 방식으로는 그들의 스트레스만 높일 뿐 실적은 도리어 뒷걸음질 친다고 생각합니다.

고함을 지르며 '찍어 누르는' 상사 앞에서 직원들은 '일하는 척' 하는 모습을 보일지도 모릅니다. 하지만 그것은 그야말로 '척' 하는 것일 뿐 마음이 움직이지 않는 한 좋은 실적을 기대하기는 어렵습니다.

'몸살 나게 출근하고 싶은 회사'를 만드는 꿈이 완전히 실현되었다고 말할 수는 없어도 제가 맡았던 부서에서 저는 '유쾌한 실험'을 해봤고, 제가 미처 완성시키지 못한 부분은 미래의 어느 날 제 후배들이 꼭 이뤄줄 것이라 믿습니다.

장미꽃 열 송이

입사한 지 2년이 지나 푸릇푸릇했던 사원 시절의 일입니다. 당시 제게 세계적인 PC, 모니터 업체인 X사와의 거래를 뚫어보라는 지시가 떨어졌습니다. 지금처럼 인터넷으로 외국 회사의 본사와 직접 접촉할 수 있는 시절이 아니었기에 제가 가장 먼저 한 일은 그 회사의 한국 지사를 방문해 정보를 수집하는 것이었습니다.

미국 회사인 X사의 한국 지사는 주로 한국산 부품을 구매하기보다 자사에서 생산한 완제품을 한국 시장에 판매하고 있었습니다. 따라서 X사의 한국 지사에는 제가 접촉할 구매 담당자가 없었습니다. 그래도 그들을 통해 미국 본사의 구매 담당 부서를 알아낼 수 있었고, 수개월간의 연락 끝에 마침내 부품 사양서를 받아 그에 맞춘 샘플을 제출할 수 있었습니다. 몇 차례 샘플이 오간 뒤 미국 본사의 엔지니어들이 방한하여 공장 심사를 했고, 우리 엔지니어들과 함께 신제품 사양에 맞춰 샘플 특성을 미세 조정하여 제품을 만들고, 가격을 협의하는 등 프로젝트가 한 단계씩 진행되었습니다. 이렇게 첫 접촉 후 1년이 지난 시점에는 이미 한 모델의 양산 공급이 시작되는 등 매우 순조롭게 진행되는 프로젝트로 자리 잡게 되었습니다.

그렇게 되기까지는 많은 사람들의 도움과 노력이 있었지만, 그 중에서도 X사의 본사에 근무하는 엔지니어인 Mr. A의 도움을 빼놓을 수 없습니다. 중동계 미국인인 그는 중동의 정국이 혼란한 상황에서 고등학교를 졸업하고 혼자 미국으로 가 고학(苦學)으로 대학을 마친 인물이었습니다. 제가 그에게 주목하게 된 데에는 그가 프로젝트 초기 공장심사와 제품 사양 협의를 위해 방한했던 X사 본사의 최초 내방객이라는 이유도 있었지만, 그 후 반년 정도 지나 제가 그 회사를 방문했을 때의 기억 때문이었습니다.

지금은 미국의 전자 제품 회사들이 인건비가 저렴한 다른 나라에서 위탁생산을 하는 경우가 많지만 당시에는 아직 중국 시장이 열리기 전이었고, 전자제품에서 OEM(주문자의 상표를 부착하여 생산하는 방식) 개념조차 없던 시절이라 그 회사도 미국 내에서 PC와 모니터를 직접 생산하고 있었습니다.

엔지니어들과 상담실에서 회의를 한 뒤, 그들의 안내를 받으며 바로 옆 건물에 붙어 있는 제조 현장을 함께 돌아볼 때였습니다. 제조 현장 작업자들과 거의 대화를 나누지 않고 저희를 안내하는 다른 엔지니어들과 달리 Mr. A는 제조 현장에 있는 백인, 멕시코계, 흑인, 베트남계 등 인종, 남녀노소를 가리지 않고 만나는 모든 사람과 다정하게 인사를 나누며 그들의 근황을 물었습니다. 특히, 그가 거의 모든 현장 작업자들의 이름을 외워, 상대의 이름을 불러주는 모습이 참 인상적이었습니다. 저보다 나이가 한 살밖에 많지 않았고 당시 그의 직급은 사원이었는데, 모든 사람들과 격의 없이 소통하는 모습을 보며 '참 사람을 편하게 해주는 인물이군! 직급은 낮지만 이 친구가 이 회사의 실질적인 키맨(key-man)이구나!' 하는 생각을 갖게 되었습니다.

그렇게 출장을 다녀온 얼마 뒤, 그에게 전화를 걸었는데 벨이 몇 차례 울린 뒤 받은 사람은 Mr. A가 아닌 그의 옆자리에 앉은 직원이었습니다. 왜 A가 전화를 안 받느냐고 물었더니 그의 부인이 출산이 임박해서 A가 휴가 중이라고 했습니다. 순간 딱히 떠오르는 아이디어가 있었던 건 아니었지만 그냥 넘어가서는 안 될 것 같아 '내가 내일부터 매일 이 시각에 전화를 할 테니 아기가 태어나면 알려달라'고 부탁하고 전화를 끊었습니다.

그 후 매일 아침 전화를 하던 사흘째가 되던 날 그의 딸이 태어났고, 그는 다음 주 월요일에 복귀할 것이라는 소식을 들을 수 있었습니다. 그 기다림의 사흘 동안 그의 아이가 태어나면 무엇을 해줘야 할까 수없이 고민한 끝에 내린 결론은 '장미꽃 배달'이었습니다. 지금이야 인터넷으로 주문만 하면 전 세계 어디든 원하는 것을 배달할 수 있는 세상이지만, 당시에는 그런 서비스가 전혀 없던 시절이었습니다.

일단 아이디어는 떠올랐지만 막상 방법이 마땅치 않았는데, 수소문 끝에 서울의 특급 호텔 안에 있는 꽃집에 의뢰하면 그들이 미국의 호텔에 있는 꽃집으로 연락해 원하는 곳으로 꽃을 배달해준다는 사실을 알게 되었습니다. 그렇게 장미꽃 열 송이를 배달하는 비용은 당시 미화로 100달러였습니다.

일단 방법을 알아낸 저는 그냥 밋밋하게 꽃만 배달하는 건 별로 재미가 없겠다는 생각에 꽃과 함께 보낼 카드에 쓸 문구를 생각했습니다. 고심 끝에 대학 시절 배웠던 영시 중에서 예이츠(Yeats)의

시 'A Prayer for My Daughter(나의 딸을 위한 기도)'의 일부를 생각해냈습니다.

> May she be granted beauty and yet not
> Beauty to make a stranger's eye distraught,
> Or hers before a looking glass,
> (그녀에게 아름다움을 허락하소서
> 그러나 낯선 사람의 눈을 어지럽히는 아름다움이나
> 거울 앞에서 홀깃하는 아름다움이 되지 말게 하소서)

시 구절과 함께 다음 주 월요일 아침 8시에 Mr. A의 사무실 책상으로 빨간 장미꽃 열 송이를 배달하는 주문을 마친 저는 과연 그가 어떤 반응을 보일지 궁금해하며 그의 전화를 기다렸습니다. 다음 주 화요일, 사무실로 걸려온 전화의 저편에서는 거의 숨넘어갈 듯, 한 옥타브가 올라간 Mr. A의 목소리가 들려왔습니다.

"J. K.(필자의 이름)! 정말 고마워! 꽃을 받고 너무나 행복했다네!"

첫 딸을 낳고 첫 출근한 아침에 사무실로 배달된 장미꽃을 받아든 그의 기쁨이 제게도 생생히 전달되었습니다.

그렇게 그와 저는 한층 더 가까운 친구가 되어 그가 한국에 출장을 올 때면 저희 집으로 초대하고, 제가 미국으로 출장을 갈 때면 그의 집에 초대받아 식사를 하는 등 친밀한 관계를 유지했습니다. 그렇게 또 2년 여의 시간이 흐른 어느 날 그가 전화를 걸어와 놀라운 소식을 알려주었습니다.

모니터를 제조하는 공정에서 품질 문제가 발견되어 현재 생산을 중단하고 원인을 찾고 있다는 소식이었습니다. 그리고 아무래도 우리 회사가 공급한 부품에 문제가 있는 것 같다는 말을 덧붙였습니다. 그런데 불량 현상이 어떤지를 물어보며 걱정하는 제게 그는 이렇게 말하는 것이었습니다.

"J. K., 너무 걱정하지 마. 지금 다시 회의에 들어가야 해서 전화를 끊어야 하는데, 아무튼 내가 최대한 막아볼게."

통화를 끝낸 저는 사내의 제조·품질 부서에 상황을 긴급히 통보하고 관련 부서와 대책 협의에 들어갔습니다. 그에게서 들은 불량 현상이 사실이라면 우리 제품의 문제일 가능성이 높지만, 실제로 불량 제품을 입수하기 전에는 확실한 원인을 도출할 수도 없는 상황이었습니다. 문제는 만일 불량이 사실이라면 우리 제품의 구조적 특성상 수리는 할 수 없고 전량 폐기처분해야 하는데 그 경우 피해가 막대하다는 점이었습니다.

그렇게 초조한 하루를 보내고 그다음 날이 되어 그와 다시 통화를 했을 때, 그가 이렇게 말했습니다.

"내가 모든 책임을 지는 것으로 해결했으니 걱정하지 마."

내용인즉슨 우리 제품이 불량인 건 확실하나, 우리 제품이 수리가 안 되는 점을 감안해 모니터 세트 내의 다른 부품을 특성이 다른 것으로 교체하기로 했다는 것이었습니다. 즉, 임시 설계 변경을 함으로써 문제를 해결하기로 결정한 것입니다.

말은 쉽지만, 공급업체가 저지른 품질 문제를 무마시키기 위해 해당되는 수만 대의 로트(lot, 1회에 생산되는 특정수의 제품단위로, 한 개가 아닌 수개, 상당수량을 한 덩어리로 생산하는 경우 이 한 덩어리의 수량을 일컬음)에만 국한해 세트 내의 다른 부품을 다른 것으로 교체한다는 건 제조 공정상의 별도 관리는 물론, 추후 시장에서의 애프터서비스까지도 특별 관리해야 한다는 뜻이므로 거의 있을 수 없는 일입니다. 따라서 Mr. A의 말을 듣는 순간, 저는 그가 이번 사건을 덮어주기 위해 자신의 직장 생명을 걸었음을 알 수 있었습니다.

지난 30년간 전 세계 시장을 대상으로 전자부품 영업을 해온 저 또한 부품 공급업체의 품질 문제를 덮어주기 위해 세트 업체가 해당되는 로트에만 한시적으로 다른 부품의 사양을 변경하는 식으로 해결했다는 이야기를, 타사는 물론 우리 회사 내부에서도 들어본 적이 없습니다.

나중에 들은 바로는 그때 X사의 내부회의에서 Mr. A가 이렇게 말했다고 합니다.

"그동안 삼성과 J. K.로부터 우리가 얼마나 큰 도움을 받았습니까? 납기가 급할 때 단 한 번도 납기 문제나 품질 문제를 일으키지 않고 전부 대응해주지 않았습니까? 이번에는 우리가 도와줍시다. 내가 전부 책임질 테니 제조·품질·구매 부서에서는 내가 새롭게 사양을 정해주는 대로 이번 로트에 대해서만 생산해주십시오."

과연 그런 말이 요즘에도 통할 수 있을지는 모르겠습니다. 아무튼 직급이 높지도 않았던 Mr. A의 그런 주장이 관철될 수 있었던 데에는 평소 그가 인종과 직위 고하를 막론하고 모든 사람을 인격적으로, 그리고 친밀하게 대한 것이 영향을 주지 않았을까 생각합니다.

Mr. A도 어느덧 30여 년의 X사 생활을 끝내고 미국 정부의 공무원이 되어 제2의 인생을 살고 있습니다. 그를 떠올릴 때면 비즈니스에서 중요한 게 무엇인지 새삼 느낍니다. 영업을 하는 데 있어 숫자로 나타나는 실적보다 더 중요한 것은 진정으로 마음이 통하는 친구를 얻는 일이 아닐까 싶습니다.

2장 마음

모든 것은
마음먹기에 달렸다

"당신이 위대한 일이 일어나길 바라면
정말 위대한 일이 일어난다."
- 메리 케이 애시(메리케이 코스메틱 창업자)

초심
지키기

며칠 전에 읽었던 『보이지 않는 차이』(위즈덤하우스)라는 책에서 마음에 와 닿는 글을 발견해 옮겨 적어봅니다.

1925년 6월 2일. 루 게릭은 대기석에 앉아 있었다. 양키스의 메이저리거들은 출전을 앞두고 부산을 떨었다. 그러나 루 게릭과는 관계없는 일이었다. 마이너리그에서 갓 올라온 애송이에게 기회가 주어질 리 없었다. 더구나 그의 포지션인 1루에는 릴리 핍이 버티고 있었다. 핍은 양키스의 간판급 선수 가운데 하나였다.

'이러다가 끝내 벤치 신세를 면치 못하고 다시 마이너리그로 내려가게 되는 거 아냐?' 루 게릭은 이내 마음을 고쳐먹었다. '그래도 여기까지 온 게 어디야? 내려갈 때 가더라도 잘 지켜보자.' 그때 수비를 나가던 선수 하나가 갑자기 되돌아오는 게 보였다. 핍이었다. 핍은 감독에게 "두통이 너무 심해서 이번 게임에는 뛸 수가 없겠어요."라고 말했다. 감독이 벤치에 앉아 있던 선수들을 죽 둘러보았다. 그의 시선이 루 게릭에게 닿았다.

"애송이. 너에게 기회가 왔다."

스물 두 살의 루 게릭에게는 예기치 못했던 행운이었다. 루 게릭의 행운은 타석에 나가는 것으로 끝나지 않았다. 첫 타석에서 안타를 쳐냈고, 수비에서도 그동안 닦은 실력을 유감없이 보여주었다. 그 성과가 다음 경기 출전으로 이어졌다. 결국 그는 시즌 내내 1루 자리를 지켰다. 스무 개의 홈런을 날렸고 2할 9푼 5리의 타율을 기록했다. 메이저리그 역사에 길이 빛나는 루 게릭의 2,130경기 연속 출장 기록은 이렇게 시작됐다. 그는 2년 후 아메리칸리그 MVP에 올랐다. 당시 미국인들은 루 게릭을 '철마(The Iron Horse)'라고 불렀다. 반면에 루 게릭에게 밀려난 월리 핍은 그날 이후 경기에 나서지 못하고 이듬해 방출되고 말았다.

단지 두통 때문에 두 사람의 운명이 엇갈린 셈이다. 두통이 아니었더라면 루 게릭의 성공 신화는 아예 탄생하지 않았을지도 모른다.

많은 이들이 '초심을 잃지 않는 것이 중요하다'는 말을 합니다. 운동선수 중에도 오랜 기간 성공적으로 선수 생활을 영위하며 부와 명예를 얻은 사람이 있는 반면, 처음 프로팀 입단에 성공했을 때의 초심을 유지하지 못하고, 술, 여자, 도박 등의 유혹을 뿌리치지 못해 결국 선수 생활을 단명으로 끝내는 경우도 적지 않게 볼 수 있습니다.

초심의 중요성은 운동선수뿐만 아니라 직장인에게도 똑같이 적용됩니다. 바늘구멍 같은 입사 시험을 통과했을 때의 마음가짐을 평생 잊지 않을 수만 있다면 언젠가 회사를 떠나는 날 회한의 눈물을 흘리는 일을 피할 수 있을 것입니다. 하지만 저 또한, 회사를 떠나는 날 기뻐하기보다는 무거운 마음으로 회사 문을 나서는 경우를 많이 보았습니다. 그때마다 역시나 초심을 지키는 건 쉽지 않은 일이라는 생각을 하곤 했습니다.

30여 년 전 학창 시절에 들었던 말이 떠오릅니다. 지방에 사는 학생이 서울 소재 대학에 합격해서 이불 보따리를 둘러메고 서울 유학길에 올라 처음 서울역에 내리면, 서울역 광장 맞은편에 있는 대우빌딩을 보며 "대학을 졸업하면 내 인생에 저 정도 빌딩 하나는 갖고 떵떵거리며 살겠지."라고 생각한답니다. 그러다 몇 년이 흘러 대학을 졸업하고 고향 가는 기차를 타기 위해 다시 서울역에 서서 대우 빌딩을 바라보면 "저 큰 빌딩, 저 많은 사무실 안에 내 책상 하나 들어갈 자리가 없단 말인가!"라며 한탄한다고 합니다.

어느덧 7월 하순입니다. 해마다 이때가 되면 1985년 7월 하순 '항상 긍정적인 마음가짐으로 열심히 생활하자'고 다짐했던 저의 입사 날이 생각납니다. 그게 어느덧 만 29년 전의 일이라니……. 돌아보니 저도 의식하지 못하는 사이 회사 밖에서 지낸 시간보다 회사 안에서 보낸 시간이 길어졌습니다. 이렇게 훌쩍 흘러간 세월이 제 자신에게도 낯설게 느껴집니다만, 그래도 매년 입사일을 맞이할 때마다 그랬듯 오늘도 '최선을 다해서 열심히 살자'고 다짐해 봅니다. 우리 모두 '초심을 잃지 않는 오늘'을 살도록 합시다.

마음의 벽
허물기

　2014년 초 글로벌 마케팅실이 신설되면서 각 사업부에 소속되어 있던 영업팀들이 글마실 산하의 1, 2팀으로 묶인 지 약 8개월이 지나고, 이번 주에 1, 2팀 체제를 끝내고 하나의 조직으로 통합되었습니다.

　직장인이 싫어하고 두려워하는 일 중의 하나가 바로 조직이 개편되어 새로운 분위기에 적응하는 것이라 생각합니다. 비록 1, 2팀 편제가 없어지면서 하나의 글마실로 묶이긴 했지만, 기존의 지역별 영업팀들과 스태프 부문으로 구성된 조직의 기본 틀은 변하지 않았고, 인력 이동도 거의 없는 점을 감안한다면 이번 조직 개편으로 인해 여러분이 받을 충격이나 변화에 대한 두려움은 크지 않으리라 생각합니다.

여러분도 주지하고 있듯이 현재 우리 회사의 상황이 매우 어렵습니다. 기존 1팀만을 맡다가 이번에 글마실 전체를 맡게 된 입장에서 여러분에게 몇 가지 당부의 말씀을 드리고자 합니다.

첫째, 우리가 하고 있는 담당업무에서 불필요한 것은 없는지 생각해봅시다.

위기에 처한 회사의 영업부서원들이 내부 보고용 자료 작성에 매달리고 있다면 회사의 실적이 개선될 가능성은 당연히 그만큼 줄어듭니다. 따라서 저도 내부 보고용 자료는 가능한 한 없애도록 할 테니 여러분도 현재 하는 일 중 관행이나 습관에 따라 불필요하게 하고 있는 것은 없는지 다시 한 번 살펴보고 그런 일은 과감히 중단하기 바랍니다. 조직에서 요구받은 일이라 여러분이 개인적으로 중단할 수 없는 것이 있다면 기탄없이 건의해주기 바랍니다. 글마실 자체적으로 해결할 수 있는 건에 대해서는 즉시 처리하도록 하겠습니다.

영업의 시선은 외부의 거래선을 향해 있어야 합니다. 영업의 시선이 사내로 향해 있는 조직은 당연히 거래선에게는 등을 돌린 조직일 터, 그런 회사가 성공했다는 이야기는 여태 들어본 적이 없습니다.

둘째, 우리들 마음속에 있는 마음의 벽을 허물어버립시다.

지리산 중턱의 산허리를 따라서 도로를 내고 수년이 흐른 뒤에 보니 도로 윗부분과 아랫부분의 생태계가 서로 다르게 변했다고 합니다. 그래서 중간중간에 도로 밑으로 동물들이 통과할 수 있는 통로를 만들어놓고 다시 수년이 지나고 보니, 도로 상하부의 생태계가 어느 정도 통합되어 있었다고 합니다.

저는 작년 말에 우리 글마실이 신설되면서 1, 2팀의 중간에 회의실이 설치되었던 것이 글마실 가족들 간의 소통 부재를 야기한 원인 중 하나가 아니었나 생각합니다. 당장 사무실을 뜯어고칠 수는 없겠지만, 아무튼 1, 2팀 통합이라는 물리적 통합뿐 아니라 진정한 화학적 통합을 통해 모두 힘을 합쳐 회사가 처한 난국을 헤쳐나가는 '함께 뛰는 글마실'이 되도록 노력합시다.

셋째, 항상 긍정적인 마음가짐으로 상대를 배려하는 조직문화를 만들어갑시다.

회사 상황이 어렵다고 영업부서원들이 얼굴 표정마저 어둡고, 어깨가 축 처진 채로 생활한다면 거래선들은 우리 회사가 정말 희망이 없다고 여기고, 우리와의 만남 자체를 거부할 것입니다. 이는 마치 점원이 어두운 표정을 짓고 있는 상점에는 들어가기 꺼려지는 것과 같은 이치입니다.

무엇보다 앞으로 저부터 여러분에게 불필요한 스트레스를 주는 일은 없도록 노력하겠습니다. 여러분도 조금씩만 더 상대방을 배려하여 '정이 있는 조직', '일할 맛이 나는 조직'을 만들어가도록 합시다.

우리 회사에서 사용하는 용어 중, '판생회의(販生會議, 영업, 제조, 구매, 품질, 개발, 관리 등 관련 부서가 모여서 그다음 달에 어떤 제품을 몇 개 생산하고 판매할 것인지 결정하는 회의)'라는 단어가 있습니다. 그 단어가 전에는 '생판회의'였던 것을 기억하십니까? 마치 '군관민(軍官民)'이라는 용어가 언제부터인가 '민관군(民官軍)'이라 불리기 시작한 것이 문민정부로 변한 우리 사회의 변화를 단적으로 보여주듯, 생판회의가 판생회의로 바뀐 작은 변화가 실은 우리 회사가 '생산 중심' 중심에서 '판매 중심'으로, '내부 중심'을 벗어나 '고객 중심'으로 나아가겠다는 회사의 방향 전환을 의미한다고 하겠습니다.

그런 만큼 회사의 어려움을 헤쳐나갈 중요한 책무가 우리 어깨 위에 있다는 생각으로 생활하되, 너무 조급해하지 말고 긴 호흡으로 어려움을 극복하겠다는 마음가짐으로 업무에 임하도록 합시다.

'개발이나 제조부문이 강한데도 불구하고 망한 회사는 있어도, 영업이 강한데 망한 회사는 없다'는 말이 있습니다. 현재 우리 회사가 처한 어려운 상황을 우리 글마실이 앞장서서 극복하도록 합시다. 내일부터 시작되는 추석 연휴, 명절을 한껏 즐기고 다음 주에 건강한 모습으로 만납시다.

절박함이 만드는 기적

외국어를 공부하는 데 있어 가장 중요한 것이 무엇인지에 대해서는 많은 의견이 있습니다. 어떤 이는 천부적인 재능이, 어떤 이는 개인의 노력이, 또 어떤 이는 뭐니 뭐니 해도 외국어를 자주 접할 수 있는 환경이 가장 중요하다고 말합니다.

여기에 제 생각을 덧붙이자면, 바로 '절박함'입니다. 저는 그 언어를 꼭 배워야만 하겠다는 절실한 마음이야말로 빼놓을 수 없는 덕목이라 생각합니다.

저도 몇 개의 외국어를 공부해봤습니다만, 그중에서도 제가 주재했던 브라질과 독일에서 각각 공부했던 포르투갈어와 독일어의 학습 경험이 바로 절박함의 차이가 얼마나 다른 결과를 가져오는지를 보여주는 사례가 아닐까 생각합니다.

입사 10년째가 되던 1995년 초에 브라질 상파울루(São Paulo, 브라질 남부에 있는 브라질 최대의 상공업 도시)에 거점을 개설하고 초대 사무소장으로 부임하게 되었을 때, 제가 할 줄 아는 포르투갈어는 간단한 인사말과 숫자, 요일 정도였습니다. 저는 1994년 12월에 발령을 받고 주재를 나갈 때까지 한 달 동안 포르투갈어를 전공하는 대학원생을 매일 회사로 불러 과외를 받았습니다. 그러나 원래도 12월이면 각종 송년 모임으로 술자리가 많은데 주재원 발령까지 받은 상태이다 보니 거의 매일 각종 송년회 겸 환송 술자리가 이어져 예습, 복습은 거의 불가능한 상황이었습니다.

그런 상태로 상파울루에 도착했을 때, 저는 브라질에서는 영어가 거의 의미가 없는 언어임을 알게 되었습니다. 거래선의 구매 담당자들 중 수입 부서의 일부 직원만 영어로 대화가 가능할 뿐, 대부분의 거래선 엔지니어들은 포르투갈어가 아니면 말을 나눌 수 없었습니다.

엔지니어들과 수시로 만나야 하는 전자부품 영업 특성상 주재원으로서의 역할을 수행하려면 포르투갈어 수준을 높이는 것이 급선

무였습니다. 특히 현지의 대기업 직원들마저 영어로 대화가 안 되는 실정이니, 상점, 식당, 택시 등에서 겪는 일상생활에서 영어는 완전히 무의미한 언어였습니다. 그야말로 생존을 위해서라도 포르투갈어를 배워야 하는 시급한 상황이었습니다.

예를 들어, 식당에 가서 맥주를 시킬 때 'beer'라고 하면 전혀 못 알아듣고 반드시 'cerveja([세르베자])'라고 해야 통합니다. 물을 시킬 때도 'water'라고 하면 역시 못 알아듣고 'agua([아구아])'라고 해야 합니다. 그런데 'agua'를 주문하면 또 반드시 이런 질문이 되돌아왔습니다.

"가스가 없는 물입니까, 가스가 있는 물입니까(cem gas ou com gas)?"

그래서 아침에 두 시간씩 포르투갈어 수업을 받고 출근하겠다고 본사에 보고하고 급히 선생님을 물색했는데, 그때 저는 선생님의 조건으로 세 가지를 들었습니다.

첫째, 여자일 것
둘째, 나이가 많은 분일 것
셋째, 영어를 못 하는 분일 것

첫째, 대체로 여자가 발음이 정확하기 때문이고, 둘째, 당시 가족이 아직 브라질에 오지 않은 상황이라 '거주용 호텔'에 장기 투숙을 하고 있었기에 젊은 여선생님이 오면 서로 불편하기 때문이었고, 셋째, 선생님이 영어를 구사할 경우, 자칫 포르투갈어가 아닌 영어로 대화하는 시간이 많아질 수도 있겠다는 생각이 들었기 때문입니다. 초기에는 비록 불편하더라도 아예 영어가 안 통하면 답답해서라도 포르투갈어를 빨리 배우지 않을까 하는 마음이었습니다. 그런 세 가지 조건에 맞는 선생님을 물색한 결과, 약사를 은퇴한 할머니 선생님을 찾을 수 있었습니다.

출장으로 불가피하게 빠져야 하는 날 외에는 월요일부터 금요일까지 매일 아침 두 시간씩 수업을 받았고, 퇴근 후, 주말에는 공부에 매달렸습니다. 그렇게 석 달이 지나고 나니 일상생활에서 포르투갈어가 입안에서 맴도는 것을 느낄 수 있었습니다. 하지만 입 밖으로 뱉는 단계까지는 아니었습니다.

예를 들어, 전화를 받으면 상대방이 "Allo(여보세요)!"라고 할 때 저도 "Allo!"라고 해야 대화가 이어질 텐데, 전화를 받을 때마다 저도 모르게 영어로 "Hello!"가 먼저 튀어나왔습니다. 그러면 상대방이 화들짝 놀라서 전화를 끊어버리는 일이 매일 벌어졌습니다.

그래서 어떻게 하면 포르투갈어 말문을 틀 수 있을지를 고민하던 끝에 저는 '온종일 포르투갈어만 사용하는 환경 속으로 나를 밀어넣자'고 결심했습니다.

저는 저희 직원들에게 '앞으로 사무실에서는 포르투갈어로만 대화하자'고 제안했습니다. 3개월 배운 실력으로 업무 지시를 포함한 모든 대화가 포르투갈어로 가능하겠느냐고 되묻는 직원들에게 '만일 포르투갈어로 도저히 표현할 수 없을 땐 영어를 쓰겠다, 그리고 만약 사무실에서 누구든 한국어를 사용하면 1헤알(당시 미화 약 1달러)을 벌금으로 내자'고 제안했습니다.

당시 제 비서 겸 경리를 담당하던 여사원은 한국 교포로, 어렸을 때 브라질로 이민해서 고등학교까지 졸업하고 대학은 미국에서 다녔던 터라, 한국어, 영어, 포르투갈어 등 3개 국어가 능통한 재원이었습니다. 이로 인해 사무실 내에서는 저와 비서가 말하는 한국어, 직원들끼리 나누는 포르투갈어, 직원들과 제가 대화하는 영어 등 3개 국어가 뒤섞여 사용되고 있었습니다.

마침 제가 비서와 한국어로 대화를 나누는 게 항상 마음에 걸리던 차였습니다. 마치 우리끼리 다른 직원들이 들으면 안 되는 비밀을 말하는 것처럼 비춰질 수도 있겠다는 생각 때문이었습니다. 모든 직원들이 영어는 할 줄 아니, 만일 제가 포르투갈어로 의사 표현이 안 되는 경우에 한해 영어만을 쓴다면 작은 사무실에서 비밀을 이야기한다고 서로 오해하는 일은 없을 거라 판단해 그런 제안을 했고, 직원들도 흔쾌히 받아들였습니다.

그날 이후, 사무실에서는 물론 직원들과 함께 점심을 먹을 때도, 거래선 상담을 위해 직원과 함께 이동하는 차 안에서도 항상 포르투갈어로만 대화를 했습니다. 그렇게 한 달 정도 지난 어느 날 아침 출근해서 제 자리의 전화벨이 울렸을 때, 저는 처음으로 "Allo!"라고 대답하며 전화를 받았습니다. 그리고 그날부터 거래선들과 포르투갈어로 상담을 할 수 있게 되었습니다.

물론 겨우 4개월 배운 저의 포르투갈어 실력이라는 게 뻔한 수준이었지만, 그래도 부임한 지 얼마 안 된 외국인 주재원이 거래선의 언어로 상담을 하려고 애쓰는 모습이 그들의 마음을 움직인 듯했습니다. 영어로 상담했던 때에 비해 상담 분위기가 훨씬 우호적으로 바뀐 것을 느낄 수 있었기 때문입니다. 그렇게 포르투갈어로 상담을 마치고 나면 대부분 저를 끌어안고 등을 두드리면서 "Amigo(친구)!"라고 불러주곤 했습니다. 그렇게 제가 그들의 언어로 이야기하기 시작하자, 그들도 저를 아웃사이더(outsider)가 아닌 인사이더(insider)로 받아들이는 듯했습니다.

그렇게 약 3개월 지난 어느 날, 점심 시간에 한 직원이 제게 이렇게 물었습니다.

"Mr. Yoo! 제가 이 회사에 입사한 이유가 여러 가지 있지만 그중 하나는 다국적 기업인 삼성에 입사하면 영어를 많이 사용하는 만큼 영어 실력을 쌓을 수 있겠다는 점이었습니다. 그런데 현재의 시스템이 당신의 포르투갈어 실력 향상에는 도움이 될지 몰라도 저의 영어 실력을 늘리는 데에는 도움이 안 되는데, 이를 어떻게 생각하십니까?"

그 자리의 다른 직원들도 웃으며 동감을 표하기에 제가 이렇게 말했습니다.

"아, 내가 차마 그 생각까지는 하지 못했네, 미안하네. 그럼, 이제부터 자네들이 나와 대화할 때는 영어로 말하고, 나는 포르투갈어로 말하면 어떨까?"

그래서 그날 이후로 우리 사무실에서는 브라질 직원들은 영어로 말하고, 저는 포르투갈어로 말하는 대화 방식이 자리 잡게 되었습니다.

그렇게 제가 브라질에 간 지 약 10개월쯤 지났을 때, 본사에서 사장이 브라질의 무역자유지역인 마나우스(Manaos, 브라질 서북부 아마조나스 주에 있는 도시) 주에 공장 진출을 할지, 그 여부를 결정하기 위해 현장 답사 출장을 오게 되었습니다. 상파울루에서 사장을 모시고 이동하는 차 안에서도 거래선으로부터 전화가 오면 통화를 하는 등 업무를 봐가며 사장을 수행(隨行)했는데, 이런 통화가 며칠 뒤 예상치 않은 일로 번질 줄은 꿈에도 몰랐습니다.

마나우스에 도착해서 주지사와의 면담을 몇 시간 앞두고 호텔에서 아침 식사를 하는 자리에서 사장께 이렇게 보고를 드렸습니다.

"사장님, 마나우스 주지사가 영어를 전혀 못 한답니다. 그래서 오늘 면담을 위해 영어를 할 줄 아는 브라질인을 구했습니다. 그 사람이 일단 영어로 통역을 하면 제가 다시 한국어로 통역을 하는 3각 통역으로 면담을 진행하도록 하겠습니다."

그런데 사장이 "아니네. 내가 이동 중 차 안에서 들어보니 자네가 포르투갈어를 할 줄 아는 것 같더군. 자네가 직접 포르투갈어로 통역하게."라고 하시는 것이었습니다.

저는 곧바로 "사장님, 제가 포르투갈어를 배운 것은 불과 10개월로, 주지사와 사장님간의 대화를 통역할 만한 실력이 안 됩니다. 자칫 큰 실수를 할 수 있으니 3각 통역을 하도록 하겠습니다."라고 했으나, "아니네. 크게 중요한 이야기를 할 것도 아니니 그냥 자네가 통역하게."라고 딱 잘라 말씀하셨습니다.

더 이상 거절할 수도 없는 상황에서 어쩔 수 없이 통역을 하기로 하고 주지사와의 면담에 들어가게 되었습니다. 그때만 해도 '그냥 차 한잔 마시면서 담소 정도 나누는 자리라면 어떻게든 되겠지.'

하고 있었는데, 막상 면담장에 들어서서 방송 카메라를 목격한 순간, 저는 그제야 깨닫게 되었습니다. 일반 임명직 공무원이 아닌 선출직 정치가인 주지사의 입장에서 투자 유치를 위해 외국 회사 사장과 면담을 하는 일이야말로 유권자들을 향한 최고의 홍보거리이며, 주지사가 그런 기회를 놓칠 리 없다는 사실을 말입니다.

그 이후 저는 마나우스 TV 뉴스를 통해 방송된 면담 장면을 보며 '10개월 배운 알량한 포르투갈어 실력으로 이런 자리에서 통역을 한 사람은 아마 전에도 없었고, 앞으로도 없지 않을까?' 하는 생각이 들었습니다. 그때 온종일 포르투갈어로만 말하겠다는 사무소장을 이해하고 따라준 직원들, 그리고 마치 친아들을 대하듯 보살펴주신 할머니 선생님이 떠올랐습니다.

그날 밤 선생님께 전화를 드려서 그날 있었던 일을 간단히 말씀드리고 "선생님 덕분에 이런 일이 가능했습니다. 고맙습니다."라고 인사를 드리자, 선생님이 저보다도 더 기뻐해주셨습니다.

여담으로, 상파울루 사무실에서 한국어를 사용할 때 1헤알씩 내기로 했던 제도를 실행한 후 1년 뒤에 저금통을 열어보니 9헤알이 들어 있었습니다. 1년간 비서가 여섯 차례, 제가 세 차례 각각 벌금을 낸 것이니 '사무실 내에서 한국어 안 쓰기 운동'은 정말 철저히 이행했다고 생각합니다.

이런 성공 사례와 정반대되는 실패 사례도 있습니다. 브라질에서 5년간의 주재를 마치고 귀국해 5년간 본사에서 근무한 뒤, 이번에는 독일 주재를 나가게 되었습니다. 그때만 해도 독일어는 고등학교 때도 배웠던 언어이니 포르투갈어보다는 훨씬 쉽게 배울 수 있을 거라 생각했습니다.

저는 독일에서도 가능하면 영어를 하지 못하는 선생님을 물색했습니다. 하지만 저희 법인의 인사과장이 열심히 물색했음에도 외국인을 대상으로 독일어를 가르치는 선생님 중 영어를 못 하는 분은 찾을 수가 없었습니다. 하긴 고등학교를 졸업하면 대부분 영어 회화가 가능한 독일에서 외국인에게 독일어를 가르치는 학원 교사 중 영어를 못 하는 사람을 찾는다는 건 애당초 불가능한 일이었습니다.

결국 약 2년간 매일 저녁 한 시간씩 수업을 해서 선생님과의 일반적인 대화에는 어려움이 없는 수준이 되었으나, 그 뒤에는 좀 더 높은 수준으로 발전하지 못하고 정체된다는 느낌을 받았습니다.

'왜 포르투갈어를 배울 때에 비해 발전 속도가 더딜까?'를 생각한 끝에 제가 내린 결론은 '절박함의 차이'였습니다. 브라질에서는 포르투갈어를 모르면 업무는 물론 생활이 이뤄지지 않았습니다. 하지만 독일에서는 비즈니스로 만나는 모든 상대방이 영어를 구사하는 것은 물론, 특히 제가 주재했던 프랑크푸르트의 경우 65만 명의 상주인구 중 25퍼센트가 외국인이라는 통계가 말해주듯 문자 그대로 국제화된 도시입니다. 따라서 백화점, 음식점, 택시 등 어디에서나 전부 영어로 대화가 가능했습니다. 심지어 외국인이 독일어로 질문을 하면, 현지인이 영어로 대답을 해주는 경우도 많았습니다. 이런 상황이었기에 독일어를 배워야겠다는 절박함을 느낄 수가 없었습니다. 현지인들이 영어로 의사소통을 하는 데 전혀 불편함이 없는데 외국인이 구태여 독일어로 이야기하는 것 자체가 어색한 상황이었습니다.

그래서 매주 월요일 오후 수업시간에 "지난 주말에 혹시 독일어를 쓸 기회가 있었습니까?"라는 선생님의 질문에 저는 이렇게 대답하곤 했습니다.

"물론 독일어를 쓸 기회가 있었습니다."

"그래요? 어디서요?"

"가족들과 외식할 때 독일어를 써봤습니다."

"잘하셨어요. 어떤 대화를 했는지 말씀해주시겠어요?"

"제가 식당 종업원에게 독일어로 물었습니다. 'Sprechen Sie Englisch(영어를 할 줄 아십니까)?'"

"저런, 그래서요?"

"종업원이 'Ja(네)!'라고 답하기에 그 뒤로는 영어로 대화했습니다."

"……."

저의 경험을 갖고 전체를 일반화하는 것은 적절하지 않을 수도 있습니다. 하지만 저는 누군가가 외국어를 잘할 수 있는 비결을 묻는다면 서슴지 않고 '먼저 그 언어에 대한 절박함을 갖는 것이 중요하다'고 말씀드리고 싶습니다.

불편한 환경으로
몰아넣기

브라질에서 주재 생활을 마치고 1999년 본사의 수출부장으로 귀임했을 때의 일입니다. 귀임해서 며칠 지나지 않은 어느 날 외국 거래선이 내방해서 상담하러 들어가게 되었습니다.

그 거래선을 담당하는 직원은 대리였는데, 상담하는 동안 그는 아무 말도 하지 않고 앉아 있었습니다. 좀 의아하기는 했지만 '부장이 새로 와서 조심스러워서 그런가 보다' 하고 생각했습니다.

그런데 며칠 뒤 다른 거래선이 내방해서 상담을 들어갔는데 그 거래선을 담당하는 직원도 상담 중 입을 봉하고 침묵을 지키고 있

있었습니다. 당시 제가 맡았던 부에는 세 개의 과가 있었는데 그 두 명의 직원들이 함께 소속된 과에는 과장이 공석이라 부장인 제가 담당 직원들과 상담을 들어갔던 것이었습니다. 그런데 두 번 연속 외국 거래선과의 상담에서 침묵을 지키는 직원들을 보며 단순히 새로 온 부장 앞에서 낯가림을 하는 건 아닌 것 같아 직원들의 신상 파일을 보았고, 그제야 그 이유를 알 수 있었습니다.

그 두 직원 모두 영어 등급 3급을 보유하고 있었습니다. 회사는 간단한 의사소통은 가능하나 비즈니스 상담을 하기에는 부족한 수준을 3급으로 규정하고, 해외 영업부서의 직원들에게는 2급 이상을 취득할 것을 전사적으로 독려하고 있었습니다. 저는 혼자서 거래선을 만나 상담할 때는 어떻게든 의사소통을 해왔을 그들이 저와 들어간 상담에서 침묵했던 이유가 새로 부임한 부장에게 책잡힐까 봐 위축되었기 때문은 아닐까 하는 생각을 하게 되었습니다.

그냥 넘어갈 수도 있는 일이었지만 만일 제가 없었다면 그들이 거래선 담당자로서 그냥 상담을 진행했을지도 모른다는 것에 생각이 미치자, '이대로는 안 되겠다. 자칫하면 잘못된 의사 전달로 인해 문제가 생길 수도 있겠다'는 걱정이 들었습니다.

그래서 부서 회의를 소집했습니다. 20여 명의 부서원들이 전부 모인 자리에서 제가 말했습니다.

"거래선에 판매한 제품에서 품질 문제가 발생하여 클레임을 받는 경우, 우리는 제조·품질 관리 부서에 불만을 이야기합니다. 왜 당신들의 일을 제대로 처리하지 않느냐고요. 그런데 우리가 개발·구매·제조 부서의 잘못에 대해 손가락질할 때 과연 우리 자신의 일을 제대로 하고 있는지 생각해본 적이 있는지요?

거래선에 보내는 영문 메일에 포함된 오자, 탈자 그리고 거래선과 상담할 때 잘못 사용하는 영어 표현 등 이런 모든 것들이 거래선들로 하여금 우리 회사를 평가하게 만드는 영업부서의 품질 수준이 아닐까요?

해외영업의 품질 수준을 높인다는 생각으로 우리 모두 조금만 더 외국어 능력을 제고하는 것이 어떻겠습니까? 만일 여러분 모두가 동의한다면 제가 브라질 주재할 때 사용했던 방법을 제안하고자 합니다.

그것은 바로 '사무실에서 영어만 사용하기'입니다. 단, 사무실에 다른 부서 직원이 와 있거나, 다른 부서 직원과 회의를 하는 경우에는 당연히 한국어를 사용하도록 합시다. 만약 우리 부서원 간에 한국어로 말하는 경우, 벌금으로 천 원을 내면 어떻겠습니까?"

그러자 서무를 보는 여사원이 손을 들고, "저는 영어로 말하라고 하면 온종일 한마디도 할 수 없을 겁니다. 저는 제외시켜주시기 바랍니다."라고 했고, 이에 모든 부서원들이 '이 제도의 취지는 거래선과 상담할 때 필요한 영어 능력을 배양하는 것이니 대 고객 접점에 있지 않은 사람은 제외하자'는 의견이어서 그 여사원을 제외한 전원이 동참하게 되었습니다.

그 제도를 시행하는 도중에 부하 직원을 따끔하게 질책하고 싶은 직원이 영어로는 도저히 자신의 의사를 정확하게 전달할 수 없다며 아예 천 원을 미리 내고 한국어로 꾸짖는 등 웃지 못할 일이 벌어지기도 했습니다. 그리고 우리 부서가 너무 튄다는 말을 듣지 않으려고 나름대로 많은 신경을 썼음에도 이 방식이 절대 보안을 유지할 수 있는 게 아니다 보니 다른 부서의 따가운 눈총도 견뎌내야 했습니다. 하지만 반년이 지나자 우리 부서원들의 영어 실력이 눈에 띄게 향상되는 것을 확연히 느낄 수 있었습니다.

그렇게 1년이 지나고 소집한 부서 회의에서 저는 이렇게 말했습니다.

"지난 1년간 여러분 모두 하루 종일 영어만 사용하느라 수고 많았습니다. 오늘로 만 1년이 지났습니다. 지난 1년간 고생한 덕에 여러분 모두 영어 실력이 향상되어 3급이던 사람은 2급, 2급이던 사람은 1급이 되어 영어를 사용하는 데 어려움이 없는 수준이 되었으니 오늘로 이 제도를 종료할까 합니다."

제 말이 끝나자 이 제도를 여기서 끝내자는 직원들보다 지속하자는 직원들이 훨씬 더 많았습니다. 그래도 1년 전에 비해 전체적인 수준이 많이 향상되었을 뿐 아니라, 1년 전처럼 전원이 한목소리로 "꼭 시행하자!"고 하는 것은 아니기에 '피로감이 쌓였음을 방증하는 게 아닐까?' 하는 생각이 들어 종료하기로 결정했습니다.

그리고 그 자리에서 벌금을 모았던 저금통을 깨보니 12만 원이 들어 있었습니다. 그 돈을 어떻게 사용하는 것이 좋겠느냐는 물음에 "오늘 저녁 맥주 파티를 합시다!"는 의견이 가장 많았으나 제가 이렇게 제안했습니다.

"여러분이 지난 1년간 고생한 것의 결과이자 증거이기도 한 이 돈을 그냥 맥주 파티에 사용하기에는 아쉬움이 남습니다. 그래서 오늘 저녁 맥주 파티는 부서의 회식비로 처리하고, 이 돈은 좀 더 의미 있는 곳에 사용하는 게 좋겠습니다.

며칠 전 사보에 보니 회사 식당에서 근무하는 아주머니의 아이가 백혈병에 걸려서 투병 중이라는 기사가 있던데 큰돈은 아니지만 치료비에 보태시라고 성금으로 내는 건 어떻겠습니까?"

저의 제안에 전 부서원이 모두 큰 박수로 호응해주어 그 돈은 그렇게 의미 있는 곳에 쓰일 수 있었습니다.

당시 부서원들 중 일부는 그 뒤에 해외 주재원을 다녀와서 지금도 회사에서 중견 간부로 근무하고 있고, 이직을 한 어떤 직원은 외국 기업의 한국 지사장으로 활약하는 등 다방면에서 활동하고 있습니다. 지금도 그때를 돌이켜보면 전 부서원이 참여함으로써 좋은 방향으로 변화를 이끌어낼 수 있었다는 생각이 듭니다. 모두가 젊은 시절 1년간 비록 좀 '불편한 생활'을 감수해야 했지만, 인생에서 선택의 폭을 넓히는 계기를 만들 수 있었던 보람 있는 시도였다고 봅니다.

생각하는 만큼 이룬다

　지난 9월에는 우리 글마실이 예상을 초과하는 월간 실적으로 한 달을 마감했습니다. 매월 계획을 미달하는 실적을 보이는 게 거의 정해진 공식인 양 금년을 보내왔는데, 그 끝없는 하향 곡선을 꺾어 올리며 한 달을 마무리한 게 도대체 언제 적 일인가 싶습니다.
　"'글마실, 너희는 안 된다'는 말을 너무 많이 듣다 보니 정말 우리는 안 되는 건가 하는 생각이 들어 의기소침했었던 것 같습니다."라는 우리 글마실 모 임원의 말을 들으며 예전에 읽었던 『바보 빅터』(한국경제신문)라는 책이 생각났습니다.

빅터는 중학교 2학년 때 학교에서 치른 지능검사에서 IQ가 73이 나와 모든 친구들의 놀림을 당하다 결국 학업을 중단하고, 아버지 친구가 경영하는 자동차 정비소에 취직하여 생활합니다. 그는 동네 꼬마들에게까지 '바보 빅터'라고 놀림을 받으며 스스로를 패배자로 여기며 살아갑니다.

이 책에는 빅터의 급우, 항상 집에서 '못난이'로 불리다 보니 누군가로부터 '예쁘다'는 말을 들으면 자기를 놀린다고 생각하며 점점 자기부정적인 성격으로 변해가는 '못난이 콤플렉스'를 가진 로라도 등장합니다.

빅터가 학교를 떠나서 '바보 빅터'로 살아온 17년. 어느 날 로라는 전화번호부를 전부 외울 정도의 탁월한 암기력으로 알려진 유명인사 잭으로부터 사실 자신보다 더 높은 IQ를 가진 사람이 오래 전에 메를린 학교(빅터가 다녔던 학교)에서 나왔고, 그의 이름이 빅터라는 놀라운 말을 듣게 됩니다.

알고 보니 매년 4월에 중학교 2학년생들을 대상으로 실시하는 IQ 검사 결과를 테스트 주관 회사로부터 받은 지능검사 담당 교사가 하필 항상 빅터를 저능아라고 믿었던 로널드 선생이었고, 그의 눈에는 빅터의 IQ 평가표에 적힌 173이란 숫자가 73으로 보여 생활기록부에 그렇게 옮겨 적었던 것이었습니다.

그 사실을 알게 된 뒤 스스로 규정한 한계를 훌훌 털어버리고 완전히 새 삶을 살게 되는 빅터. 그는 수많은 히트 상품을 개발한 발명가이자 기업 컨설턴트, 저술가 및 혁신 강연가, 공공 프로그램 기획자가 됩니다. 그리고 마침내 천재들의 모임인 국제멘사협회 회장으로 취임하게 됩니다.

로라 또한 작가가 되고 싶다는 생각을 하면서도 항상 자기 자신은 '못난이'라 여기며 '내가 하는 일이 잘될 리가 있겠어?'라는 생각에 휩싸여 평생을 살아갑니다. 단 한 번도 부모로부터 따뜻한 격려와 인정을 받지 못해 일이 잘 풀려도 불안감을 느끼다가 결국 일이 실패로 돌아가면 '당연하지. 내가 하는 일이 잘되면 그게 더 이상한 거지.'라고 결론을 내리는 일이 반복됩니다.

그런데 다섯 살 때 유괴를 당해 부모님이 너무나 예쁜 자신을 위해 일부러 '못난이'라 부르고 옷도 허름하게 입히기 시작했다는 사실을 알게 됩니다. 그 후 그녀도 스스로 정한 한계를 극복하여 작가로 성공하게 됩니다.

자신의 IQ가 73이 아닌 173임을 알게 된 빅터는 마침내 깨닫습니다. 자신의 잠재력을 펼치지 못하게 만든 장본인은 바로 자기 자신이었다는 것을, 남이 아닌 내 인생인데 정작 그 삶에 '나'는 없었다는 것을 말입니다.

어린 코끼리의 다리를 가느다란 줄로 말뚝에 묶어놓으면 몇 번 당겨보다가 줄을 끊을 수 없음을 깨우치고, 한번 그렇게 자신의 한계를 설정한 코끼리는 다 커서도 그 줄을 끊을 시도조차 하지 않는다고 합니다. 자기 키의 수백 배에 달하는 수십 센티미터를 뛰어오를 수 있는 벼룩 또한 뚜껑이 닫힌 병에 가두면 그 뚜껑에 몇 번 부딪히고 나서부터는 병뚜껑을 열어놓아도 그 이상으로는 뛰어오르지 못한다고 합니다.

오래전에 읽었던 이 책을 다시 읽으며 저는 우리 글마실이 현재 숱하게 듣고 있는 말들을 생각했습니다.

'우리 회사는 글마실이 문제야!'

'도무지 전략이라고는 없는 글마실!'

전자업계의 시황 악화로 현재 우리 글마실이 내놓은 결과물이 그리 만족스럽지 못해 경영진으로부터 질책을 받고 있습니다만, 우리 스스로 자신의 한계를 설정하는 일은 없어야겠습니다. 우리의 부족한 면은 당연히 보완해나가야겠지만, 절대로 우리 자신을 비하하거나 자책하지는 맙시다. 우리 모두 남들의 말에 주눅 들지 말고, 우리가 가는 길이 옳다는 것을 실적으로 증명해 보입시다.

지금 내가
서 있는 곳

이번 주에는 유럽에 출장을 갔다가 주말인 오늘 오후에 귀국했습니다. 5년간 주재했던 유럽이어서 출장 중 특별히 새로운 느낌은 없었습니다. 하긴 독일에 주재할 때도 고속도로 일부 구간에 보수공사가 시작되는 것을 보면 "이 공사도 우리가 주재 기간을 마치고 귀국할 때까지 완공되지 않겠구나."라고 말하곤 했습니다. 그만큼 작은 변화도 매우 서서히 이뤄지고, 그나마 그런 변화도 잘 생기지 않는 사회이니, 전에 없던 신기한 것을 보는 일은 기대하지 않는 게 당연하다고 할 수 있습니다. 어쨌든 한 가지 느낀 것이 있어서 그 이야기를 해볼까 합니다.

이번 출장 중에는 스위스에서 오전과 오후에 각각 한 업체씩 두 곳의 거래선과 상담을 했고, 두 업체가 상당히 떨어져 있어서 150킬로미터 이상의 거리를 차량으로 이동해야 했습니다. 하루 종일 가랑비가 촉촉이 내리는 차창밖 전원 풍경 속에서 눈에 띈 것은 비가 오는데도 드넓은 초원에서 스위스 특유의 커다란 종을 목에 맨 채 한가로이 풀을 뜯고 있는 소들의 모습이었습니다.

그런 풍경을 보면서 역사상 광우병이 최초로 발생하게 된 이유와 금년 초 우리 회사를 방문했던 거래처와 나눴던 대화를 떠올렸습니다.

완전한 초식 동물인 소의 체중을 빨리 늘리기 위해 죽은 소의 뼈와 고기를 갈아서 분말로 만든 사료를 풀과 함께 섞여 먹이기 시작하면서 광우병이 생겼다고 합니다. 소들을 방목하여 많이 움직이면 열량이 운동에너지로 빠져나가 체중을 늘리는 데 좋지 않으니 단기간에 체중을 불리기 위해서 소를 마치 양계장의 닭처럼 좁은 공간에 가둬 운동을 못 하게 하고 사료만 계속 먹인다는 사실은 들은 적이 있을 겁니다.

미국 회사 내방객의 일원으로 우리 회사를 방문했던 한 여사원은 함께 온 다른 동료들이 연신 "Wonderful! Fantastic!"을 외치며 저녁 식사를 즐기고 있던 서울의 한 갈빗집에서 고기를 입에도 대지 못하고 있었습니다. 처음부터 채식주의자였느냐고 묻자 자신이 대학교 시절 미국의 한 축산 농장을 방문했을 때 소들이 사육되고 있는 열악한 환경을 보고 받은 충격으로 그날 이후로는 육식을 못 하게 되었다고 했습니다. 결국, 그날 식당에 특별히 부탁해서 그녀만을 위해 샐러드와 생선구이를 준비해줬습니다.

저는 스위스 초원에서 한가로이 풀을 뜯는 소들을 바라보면서 위의 에피소드를 떠올리며, '사람이나 동물이나 좋은 곳에서 태어나야 하는구나!' 하는 생각을 했습니다.

또한 '우리 한민족 오천 년 역사에서 국민이 하루 세끼를 먹고, 전란에 휩싸여 생존을 걱정하며 살지 않은 기간이 과연 얼마나 될까? 아프리카, 아프가니스탄, 중동 등 기아에 허덕이거나 끝없이 이어지는 전쟁의 참화 속에서 신음하고 있는 많은 나라를 보면 이 시대에 한민족으로 태어난 것은 진정으로 감사할 일'이라고 여겨집니다.

'조국이 이만큼 발전하기까지 우리보다 앞선 세대의 희생이 있었다면, 이제 비록 얼마 남지 않았지만 나의 대(代)에서 해야 할 일

은 나의 후배, 나의 다음 대가 오늘보다 조금이라도 더 좋은 조국에서 살게 해주고 가는 것이겠지!'

사원 시절부터 외국 거래선과 상담이 있는 날이면 제가 항상 머릿속에 담고 중얼거렸던 글귀가 있습니다. 바로, '우리는 민족 중흥의 역사적 사명을 띠고 이 땅에 태어났다.'는 국민 교육 헌장의 첫 문장입니다. 웬 고리타분하게 국민 교육 헌장 이야기를 하냐고 할지도 모르겠습니다만, 저는 '100년 전도, 100년 뒤도 아닌 바로 이 시대에, 지구상의 다른 곳도 아닌 바로 이 땅에서 제가 태어난 데에는 뭔가 이유가 있지 않을까?' 하는 생각으로 살아왔습니다. "현재 우리나라의 경제 규모는 일본의 20분의 1 수준이다. 우리나라가 일본으로부터 독립했다고는 하지만 아직 경제적으로는 독립했다고 볼 수 없다."던 40여 년 전 초등학교 담임선생님의 말씀이 기억 속에 남아 있기 때문은 아닐까 싶습니다(2014년 기준, 우리나라의 국민 총생산 규모는 일본의 약 3분의 1 정도로 격차가 줄어들었음 - 저자 주).

특히, 우리 회사가 생산하는 각종 제품들의 경쟁사가 대부분 일본 회사여서 그런지도 모르겠습니다. 그런 생각이 신입사원 연수 시절, 당시에는 그 존재도 잘 몰랐던 삼성전기(당시 삼성전자부품)라는 회사를 견학하는 자리에서 "우리 회사는 비록 작은 회사지만 수출을 지향하는 회사이니 해외 영업을 하고 싶은 분들은 많이 지원해주세요."라는 말을 듣는 순간 '그래, 내가 가야 할 곳이 바로 이 회사구나!' 하고 운명처럼 입사할 회사를 결정하게 했는지도 모르겠습니다. 저와 여러분 모두 이 시대에 이 땅에 태어난 것에는 분명한 이유가 있을 테니, 그 이유를 생각하며 살아가도록 합시다.

위기와 기회는
함께 다닌다

"우리가 직장을 다니는 동안 위기가 아닌 적이 한 순간이라도 있었나? 항상 위기였지. 시장 상황은 마치 골프장의 바람 방향과 같아! 1번 홀에서 바람의 방향이 역풍이었으면, 1번 홀과는 반대 방향으로 설계된 2번 홀에서 플레이할 때는 순풍이어야 하지. 그런데 왜 2번 홀에서도 또 역풍이란 말인가?"

   직장을 다니다 보면 위와 같은 말을 종종 듣게 됩니다. 되돌아보면 직장 생활에서 가장 많이 들었던 단어가 바로 '위기(危機)'가 아닐까 싶습니다. 그런데 '위기'라는 단어와 항상 짝을 이뤄 나오는 단어가 '기회(機會)'라는 사실이 참 흥미롭습니다. 단순히 두 단어에 '기(機)' 자가 공통으로 들어가 있거나 위기라는 단어 자체가 '위험'과 '기회'라는 두 단어를 함축한 것이기 때문만은 아니라고 생각합니다. 결국, 위기를 위기로 끝내느냐 아니면 그 위기를 기회로 반전시키느냐 하는 것은 그 위기에 어떻게 대응하는가에 달려 있다고 봅니다.

제가 사원 시절 세계 최대의 컴퓨터, 모니터 회사인 Y사에 부품을 공급하던 때의 일입니다.

어느 날 아침, 갑자기 그 회사의 미국 본사 품질 부서 인력 여러 명이 우리 회사를 방문하겠다고 연락을 해왔습니다. 당시 우리 회사에서 공급하던 제품은 아무런 품질 문제 없이 순조롭게 양산 공급을 하고 있던 상황이어서 품질 관련 인력들이 별다른 예고도 없이 갑자기 방문하겠다는 통보를 받은 저는 당황스러웠습니다. 짧은 시간에 손님 맞을 준비를 하고 방문단을 맞이하고서야 저는 왜 그들이 갑자기 방문했는지를 알게 되었습니다.

알고 보니 그들은 당초 우리 회사 방문을 목적으로 한국에 온 것이 아니었습니다. 한국의 한 중소기업에서 공급한 부품에 품질 문제가 발생해 그것을 조사하기 위해 방한했던 길에 당시 거래 물량이 급증하고 있던 우리 회사에도 방문하기로 했던 겁니다. 그런데 그들로부터 들었던 '문제를 일으킨 국내의 중소기업'의 이야기가 인상적이었습니다.

  미국의 모니터 조립 라인에서 그 중소기업이 공급한 부품 중 두 개의 불량이 발견되어 '분명히 무슨 문제가 생긴 듯하다'고 보고, 조기에 문제를 해결하라는 특명과 함께 조사단을 한국으로 보내 예고 없이 그 회사를 방문하여 생산라인을 조사했답니다. 문제가 된 제품에 찍힌 '제조일자(date code)'를 통해 그 날짜의 해당 제조 라인의 제조일지를 확인해보니 이렇게 적혀 있었다고 합니다.

  '오늘 작업을 마치고 작업 중 특이사항이 없었는지 확인하는 과정에서, 신입사원이 바닥에 떨어진 부품 세 개를 집어서 양품이 흘러가는 곳에 넣었다는 말을 들었음. 일단 바닥에 떨어진 부품은 불량품으로 간주하고 별도로 분류했어야만 했음을 주지시키고 향후에는 이런 실수가 있어서는 안 된다고 교육시켰음.'

  혹시라도 있을 수 있는 서류 조작 등을 피하기 위해 예고도 없이 중소기업을 찾아갔던 Y사의 품질진단팀은 그 작업일지를 본 순간, 먼저 '이미 두 개의 불량품이 미국 생산라인에서 발견되었으니 추가로 더 나올 잠재불량품의 숫자는 한 개일 것'이라는 사실에 안도했다고 합니다. 또, 그 정도로 생산 현장에서 일어나는 모든 일에 대해 정확하고 세밀하게 작업일지에 기록하고 직원들을 교육시키는 회사라면 비록 규모가 작더라도 앞으로도 함께 일할 수 있는 파트너로 문제가 없겠다는 믿음을 갖게 되었다고 합니다. 그래서 품질문제는 종료된 것으로 간주한다는 보고서와 함께 그 회사로부터의 구매물량을 확대해도 좋다는 의견을 본사에 보냈다고 합니다.

오래전의 일입니다만, 저는 이것이야말로 위험과 기회는 함께 다니고 위기에 잘 대응하면 기회로 만들 수 있음을 보여주는 좋은 사례가 아닌가 생각합니다.

이번에는 브라질에 주재하던 시절의 이야기를 해보려 합니다. 한 일식당을 갔을 때의 일입니다. 평소 그 음식점의 생선회가 매우 신선했기에 그날도 몇 가지 생선이 함께 나오는 회를 주문했습니다. 그런데 회 몇 점을 먹던 저는 한 종류의 생선이 약간 이상하다는 느낌을 받았습니다.

저는 거래선 손님들에게는 그 생선은 들지 마시라고 하고 종업원을 불러 '내가 보기에는 아무래도 이 생선이 좀 상한 듯하니 주방에 이야기해서 먹어도 되는 상태인지 확인해보라, 가능하면 오늘 저녁에는 이 생선은 회로 내놓지 않는 것이 좋겠다고 전하라'고 이야기했습니다.

 일식당이지만 주문을 받는 여직원은 브라질의 중년 여인이었는데 제 이야기를 듣고는 죄송하다며 연신 머리를 조아렸습니다. 지적했던 제가 도리어 미안해질 정도였기에 저는 "아닙니다. 혹시 제가 잘못 판단한 것일 수도 있으니 주방장께 한번 확인해보라는 말씀만 전해주세요."라고 했습니다.

 저는 거래선과 식사를 계속하고 있었는데, 조금 뒤 주방장이 새로 뜬 회를 갖고 와서 다시 한 번 사죄를 하고 가는 것이었습니다. '그럴 필요까지는 없는데…….'라고 생각하며 식사를 마치고 계산을 하려는데 예상보다 훨씬 적은 금액이 청구되어 있었습니다. 이상해서 물어보니 주인이 직접 "저희가 신선도가 떨어진 생선을 실수로 상에 올리는 잘못을 저질렀으니 오늘 음식값은 절반만 받겠습니다."라며 사죄를 하는 것이었습니다.

 물론 거래선을 접대하는 저녁 식사 자리에 상한 음식이 올라온 게 유쾌한 일은 아닙니다. 하지만 그날 그 음식점의 종업원, 주방장, 주인 등 모든 사람들이 고객의 목소리를 귀담아듣고 즉시 잘못을 시정하려 했던 행동은 실수를 만회하고도 남았습니다. 덕분에 그날 식사를 함께 했던 거래선과 저는 그 뒤에도 그 음식점을 다시 찾아가자고 약속했을 만큼 좋은 기억을 남길 수 있었습니다.

비슷한 상황에서 전혀 다른 경험을 했던 적도 있습니다. 상파울루의 저희 사무실에서 그리 멀지 않은 곳에 규모도 상당히 크고 깨끗한 중식당이 있었습니다. 외국인 학교와도 그리 멀지 않은 곳에 있어 점심 때 가보면 외국인 학교의 학부모들이 모임을 갖는 모습을 종종 볼 수 있을 정도로 음식의 질이나 분위기가 괜찮은 곳이었습니다.

어느 날, 저녁에 거래선과 그곳에서 식사를 할 때였습니다. 식사 말미에 볶음밥을 먹는데 제 입에서 '우두둑' 하는 소리가 나서 꺼내보니 돌이었습니다. 앞에 앉은 손님에게도 민망하고, 다른 테이블의 손님들에게 '이 집 밥에서 돌이 나왔다'고 떠벌릴 일도 아니기에 저는 입에서 꺼낸 돌을 한 손에 쥐고 테이블 밑으로 손을 내린 뒤, 조용히 다른 손을 들어 종업원을 불렀습니다.

제가 한쪽 손을 테이블 밑으로 내린 것을 의아하게 바라보는 종업원에게 저는 조용히 '내 손에 있는 것을 받아가라'는 눈짓을 보였습니다. 제 뜻을 종업원이 알아채자, 저는 그가 내민 손바닥에 손에 쥐고 있던 모래알 크기의 돌을 얹어줬습니다. 그런데 자신의 손바닥 위에 놓인 돌을 보더니 그 종업원이 '아니, 음식에서 돌이 나왔으면 자기가 직접 버리면 되지, 왜 나를 주는 거야?' 하는 듯한 표정으로 절 바라보고는 돌을 식당 바닥에 버리고 그냥 돌아가는 것이었습니다.

제가 하는 행동을 조용히 지켜보고 있던 제 앞에 앉은 거래선 손님이 혀를 끌끌 차며, "Mr. Yoo! 같은 브라질인으로서 제가 미안합니다. 이곳은 종업원 교육부터 다시 시켜야겠네요."라고 말했고, 저는 "아닙니다. 이런 곳으로 초대한 제가 미안합니다. 가끔 오는 곳이었는데 수준이 이런 곳인지는 저도 몰랐네요. 다시 올 곳은 못 되는 것 같습니다."라고 대답할 수밖에 없었습니다.

종업원의 태도가 그런 정도였으니 당연히 주방장이나 주인 등 다른 사람이 와서 사과하는 일은 기대할 수도 없었습니다. 그날 저녁 식사는 저나 거래선에게 모두 별로 유쾌하지 않은 기억으로 남았고, 그 이후 그 음식점에는 주재 기간을 마칠 때까지 다시는 가지 않았습니다.

물론 일식당과 중식당을 비교하려는 것은 아닙니다. 그 두 식당의 주인이나 종업원들은 모두 일본인이나 중국인이 아닌 브라질인들이었고, 그 두 곳이 그 나라의 식당을 대표할 수도 없습니다. 다만, 그 경험을 통해서 '누구든 실수는 할 수 있다. 다만, 어떤 사람은 잘 대처함으로써 실수를 만회하는 것은 물론이고, 더 점수를 따고 더 좋은 관계를 맺는다. 반면 어떤 사람은 한 번 저지른 실수에 잘못 대처함으로써 일을 더 크게 만들고 관계를 완전히 망가뜨리기도 한다.'라는 교훈을 얻을 수 있었습니다.

순풍을
경계하라

대리 시절의 일입니다. 당시 미구주 수출부서 소속으로 세계 최대의 컴퓨터 회사인 Y사에 모니터용 부품의 거래를 개시한 뒤 매년 그 거래 규모를 키워가고 있던 때였습니다. 당초 일본계 업체가 단독으로 공급하던 시장에 우리 회사가 진입한 이후, 첫해에 10퍼센트 수준의 물량을, 이듬해에는 30퍼센트, 3년차에는 50퍼센트를 공급한 데 이어 4년차를 맞이한 그해에는 70퍼센트의 물량을 우리 회사에 배정하겠다는 거래선의 약속을 받아낼 정도로 거래 규모가 순조롭게 커가고 있었습니다.

그런데 매년 중반쯤 되면 이듬해에 출시할 모니터 신제품용 부품 협의가 시작되고, 그를 위해 거래선에서 먼저 부품 사양서를 보내오곤 했는데 이상하게 그해에는 사양서가 오지 않고 있었습니다. 올해는 신제품 개발 일정이 지연되느냐고 문의해도 '내부 검토 중'이라는 말만 되풀이할 뿐 그 이유를 속 시원히 말해주는 사람은 없었습니다.

아무래도 현지에 가서 상황을 파악해야겠다는 생각에 임원 한 분과 개발과장과 영업의 저를 포함한 세 명이 영국에 있는 거래선을 방문했습니다. 다른 해 같으면 이미 거래선으로부터 받은 사양서에 맞춰서 제작한 샘플을 갖고 미팅을 해야 할 시점이었지만, 그때는 빈손으로 찾아가 그들이 그다음 해에 출시할 모니터에 대해 어떤 계획을 갖고 있는지를 파악하기로 한 것입니다.

먼저 거래선의 런던 소재 연구소를 방문해서 미팅을 했습니다. 우리가 개발 중인 신제품을 소개하면서 차기 모델용 신기종에 대해 협의하자고 운을 떼봤으나, 그들은 신기종에 대해서는 아무런 언급도 하지 않았습니다. 그들이 화제를 다른 곳으로 돌리면 우리가 다시 신기종 이야기를 하고, 그들이 반응을 보이지 않으면 다른 이야기를 하다가 또다시 신기종에 대해 말하기를 수차례 반복하는 과정에서 그들의 관심이 당시 우리 회사에서 공급하고 있던 것이 아닌 전혀 다른 종류의 기술을 적용한 제품에 쏠려 있음을 알게 되었습니다.

그들이 주목한 기술은 당시 우리 회사뿐만 아니라 일본의 경쟁사도 채용하고 있던, 시장의 주류를 이루는 기술과는 다른 것으로, 아직 좀 더 검증이 필요하다고 인식되고 있던 신기술이었습니다. 따라서 일부 텔레비전에만 채용되었을 뿐 모니터에는 채용되지 않던 것이었습니다. 그런데 그날 미팅에서 거래선의 엔지니어들이 온통 그 신기술에 대해서만 관심을 보이며 질문하는 모습을 보고 우리 출장팀은 뭔가 분위기가 이상하게 돌아가고 있음을 감지할 수 있었습니다.

런던 연구소에서의 미팅을 마치고 스코틀랜드에 있는 거래선 공장에서 미팅을 가졌는데 우리는 그곳에서 궁금했던 퍼즐의 마지막 조각을 찾을 수 있었습니다. 우리 제품을 수년간 사용해온 거래선 공장의 엔지니어들이 좀 더 마음을 열고 그동안 있었던 일들을 이야기해주었는데, 그 내용은 대략 이러했습니다.

'사업 초기 물량을 단독 공급하던 일본 업체가 삼성전기에게 매년 조금씩 물량을 빼앗기다가 금년에 30퍼센트 수준으로 물량이 줄어들자 두 달 전 대규모 방문단이 우리 회사를 다녀갔다, 그런데 그들이 와서 모니터 부품에 사용하는 현재의 기술은 이미 한물

간 기술이니 진정한 세계 최고 기업의 명성에 걸맞게 차세대 기술을 채용한 부품을 사용하라며 신기술에 대해 프레젠테이션을 하고 갔다. 그들이 런던 연구소를 방문해서도 신기술에 대해 집중적으로 발표하여 현재 우리 회사 내부적으로는 내년도 출시할 모니터에 그 신기술을 채용한 부품을 사용하는 것으로 대략적인 방향을 잡은 상태다. 특히 수년 내에 유럽 시장이 통합되는 것을 감안하여 스코틀랜드에 있는 우리 공장 앞에 공장을 신축해서 부품을 공급하겠다고 약속한 점도 인상 깊었다.'

저는 망치로 뒤통수를 한 대 얻어맞은 듯한 느낌을 받았습니다. 현재의 기술로는 우리를 이길 수 없겠다고 생각한 경쟁사가 자신들도 사용하고 있는 기술을 낡은 기술로 폄하하고 신기술을 적극적으로 판촉하며 다니는 동안, 그런 사실은 까마득히 모른 채 내년도 신모델용 사양서를 왜 안 주느냐고 묻고 있던 제 자신이 한없이 부끄럽고 초라하게 느껴졌습니다.

게다가 우리 회사도 유럽 시장 통합에 대한 대응책으로, 유럽 각국의 인건비와 세제, 투자에 대한 인센티브 및 관계사의 공장이 스페인, 포르투갈에 있는 점 등을 검토한 끝에 포르투갈에 공장을 신축하는 것으로 결정을 마친 상태였습니다. 특히, 우리의 포르투갈 투자에 대해 거래선에서도 만족감을 표했었기에 이제 경쟁은 끝났다고 내심 여기고 있었습니다. 그런데 그러는 동안 경쟁사는 포르투갈보다 높은 인건비 부담을 감수하고서라도 스코틀랜드에 있는 거래선의 공장 바로 앞에 공장을 짓겠다고 선언함으로써 그들의 마음을 움직이게 한 것도 충격적이었습니다.

무거운 발걸음으로 귀국해서 갖게 된 회사의 관련 부서 회의에서는 격론이 벌어졌습니다. 영업부에서는 이미 거래선의 마음이 신기술로 기울었으니 우리도 그 기술로 방향을 선회해서 샘플을 준비하고 다시 한 번 경쟁사와 싸워야 한다고 했습니다. 반면, 연구개발 부서에서는 그 기술은 아직도 완성도가 떨어져 텔레비전에 채용해서 생산한 것에서도 품질 불량이 높게 나오는 상황에서 모니터에, 그것도 세계 최고의 기업에 공급하는 제품에 그 기술을 적용했다가 사고가 터지는 경우에는 회사가 문을 닫게 될 수도 있으니 좀 더 우리 실력을 쌓은 뒤에 도전하자는 의견이었습니다.

양쪽의 의견이 모두 일리가 있어서 경영진에서도 선뜻 결정을 내리지 못했습니다. 그럼에도 포르투갈 공장 투자 계획은 이미 확정되어 추진되고 있었고 그 공장이 추진되는 주목적이 동 거래선에 공급할 제품을 생산하기 위한 것임을 생각한다면, 향후 가동될 유럽 공장의 안정적인 물량 확보 차원에서라도 뭔가 행동을 해야만 했습니다.

출장을 다녀온 뒤 연일 격론이 벌어지고 있던 상황에서 저는 거의 매일 밤을 뜬눈으로 지새웠습니다. 무엇보다도 발밑에서 경쟁사가 땅굴을 파고 있는데도 거래선의 주 담당자로서 그 사실을 까마득히 모르고 있었던 제 자신을 용서할 수 없었습니다. 자정쯤 잠자리에 들었다가도 새벽 두세 시쯤이면 벌떡 일어나 이렇게 기도하곤 했습니다.

'저는 종교를 갖고 있지 않습니다만, 혹시 저 위에 누군가가 계신다면 제 소원을 하나만 들어주십시오. 신체의 일부가 없어도 사나이일 수는 있지만, 자존심이 짓밟혀버린 자는 이미 사나이가 아닐 것입니다. 하오니 제 신체의 일부를 가져가셔도 좋으니 대신 이번 프로젝트는 저희가 다시 진입할 수 있도록 해주십시오.'

누가 들으면 미쳤다고 할지도 모르겠지만, 당시 저는 매일 밤 간절한 마음으로 그런 기도를 했습니다. 출장을 다녀온 뒤 약 2주간 밤에 자다가 벌떡 일어나 거의 매일 뜬눈으로 밤을 지새우며 혼자 중얼거리는 제게, 어느 날 아내가 이렇게 말했습니다.

"여보! 회사를 그만두는 게 어떻겠어요? 아무래도 이대로 가다가는 당신을 잃을 것 같아요!"

저는 그 말에 정신이 퍼뜩 들어 '그래! 목숨을 걸겠다고 생각하는 놈이 이렇게 주저앉아서 하늘에 소원만 빌고 있을 텐가!'라는 오기로 다시 일어서게 되었습니다.

다음 날 비록 사내에서는 아직 추진 여부에 대한 의사결정이 나지는 않았지만 우리도 신기술을 적용한 샘플을 제출할 기회를 달라는 메일을 거래선에 보냈고, 며칠 뒤 이렇게 답장이 왔습니다.

'우리가 입수한 정보에 의하면 삼성전기는 아직 양산에 동 기술을 적용한 경험이 없는 것으로 알고 있음. 따라서 만일 삼성전기가 진입하고자 한다면 먼저 1만 시간의 신뢰성 시험을 걸어서 문제가 없는 경우에 한해 차기 모델에 채용을 고려할 수 있음.'

1만 시간의 신뢰성 시험이라면 하루 24시간씩 연속해서 걸어놓는 신뢰성 시험 방식을 감안해도 1년 이상이 소요되는데, 그다음에나 정식으로 샘플 승인 작업을 시작하겠다는 뜻이었습니다. 결국 정식 승인 받아서 신제품을 공급하기까지 약 2년이 소요되니 당시 공급 중이던 모델이 연말에 단종되면 약 1년 반 정도 거래가 중단됨을 의미했습니다. 세계적인 기업과의 거래는 한 번 중단되고 나면 재진입하는 게 결코 쉽지 않다는 사실 외에도, 그때가 되면 포르투갈 공장이 가동될 시점인데 만약 그때까지 주 거래선의 물량이 확보되지 않는다면 이는 심각한 문제였습니다.

아무튼 그 메일을 통해 거래선이 생각하고 있는 향후 진행 과정을 대략적으로 이해할 수 있었고, 저는 제가 해야 할 일을 확실히 알게 되었습니다. 바로 일본의 경쟁사가 거래선을 방문해서 거래선 엔지니어들의 머릿속에 각인시키고 간 '삼성전기는 해당 신기술을 갖고 있지 않다'는 악선전을 깨뜨리는 일부터 시작해야 했습니다.

저는 먼저 전사의 중앙연구소와 사업부 연구실, 생산부 등 관련 부서가 보유하고 있는 동 신기술과 관련된 설비와 개발 이력을 샅샅이 조사했습니다. 비록 우리 회사에서 그 기술로 모니터용은 양산한 경험이 없지만 텔레비전 부품은 약 1년 전부터 양산하고 있었으므로 그 기록과 품질 이력 등을 정리했습니다. 회사의 규정상 신기술이 적용된 제품은 양산에 진입하기 전에 대량의 샘플로 장기간 각종 가혹 조건하에서 신뢰성 검사를 거치게 되어 있습니다. 따라서, 그렇게 축적된 자료를 비롯해서 그동안 우리 회사에서 동 신제품을 개발하고 양산하기까지 진행했던 모든 내용을 증명하는 각종 사진과 데이터를 수집했습니다. 그러다 보니 방대한 자료가 쌓이게 되었습니다.

그 자료를 일반적인 자료 형식으로 제출하면 이미 경쟁사의 악선전에 많이 경도되어 있는 거래선의 엔지니어들에게 주는 인상이 약하겠다는 생각에 저는 아예 백서를 만들기로 했습니다. 약 50쪽으로 구성된 백서의 첫 장에 〈Is SEMCO's Product Really Reliable(삼성전기의 제품은 정말로 신뢰할 만한가)?〉라는 제목을 붙이고, 중간에는 각종 데이터와 사진으로 그 믿음을 뒷받침하는 자료를 넣어 스토리를 전개시킨 뒤, 맨 마지막 장에는 〈Of Course, Yes(물론, 그렇다)!〉라고 마무리했습니다.

그런 내용의 백서 네 권을 만들어서 거래선의 한국 사무소, 영국 런던 연구소, 스코틀랜드 공장에 각각 한 권씩 보내고, 나머지 한 권은 사내에 남겼습니다.

그렇게 자료를 보내놓고 약 일주일이 지났을 때 거래선으로부터 메일이 왔습니다.

'보내준 자료를 통해 삼성전기도 해당 신기술을 보유하고 있고 양산 경험도 있음을 알게 되었음. 당초 삼성전기가 차기 프로젝트에 참여하려면 먼저 1만 시간의 신뢰성 시험을 통과할 것을 요구했던 방침을 변경해서 2천 시간의 시험을 통과하면 참여 기회를 주기로 결정했음.'

2천 시간이면 3개월이 채 안 되는 시간이었으므로 이는 결국 우리가 신뢰성 샘플을 잘 만들어서 한 번에 통과하기만 하면 그다음 해에 출시할 모델에 공급할 수 있음을 의미했습니다.

그러나 거래선의 편지를 앞에 놓고 열린 관련부서 회의에서는 또 한 차례 격론이 벌어졌습니다.

'아직 모니터용으로는 세계 최고의 회사에 공급하기 불안하니 좀 더 실력을 쌓은 뒤에 추진하자'는 신중론과 '매일 상황이 급변하는 전쟁터 같은 비즈니스 세계에서 가장 안전한 길만을 선택하겠다는 것은 가장 확실히 망하는 길로 가겠다는 것과 같다, 이제 아예 퇴로는 없다는 자세로 샘플 준비부터 각 단계별로 최선을 다해서 앞으로 나아가자'는 강경론이 맞붙어 열띤 공방이 벌어졌습니다. 격론 끝에 결국, '리스크가 있더라도 이 프로젝트에 진입해 우리 기술을 몇 단계 끌어올리는 계기로 삼자'는 경영진의 최종 결정을 받아낼 수 있었습니다.

그 회의 이후, 백서를 만들 때만 해도 관련 부서의 소수 '골통'들이 모여서 조용히 추진하던 외로운 작업이 전사적인 관심과 지원 하에 진행되기 시작했습니다. 그렇게 제출한 샘플이 신뢰성 시험을 통과하고, 이어서 사양서에 맞춰서 제작한 승인용 샘플도 거래선의 시험에 합격함으로써 그해 후반에 우리 회사도 신규 프로젝트에 성공적으로 진입했고, 그 후 포르투갈 공장에서 정상적으로 양산에 돌입할 수 있었습니다.

저에게는 입사 5년 차에 맞았던 평생 잊지 못할 아찔했던 기억입니다. 경쟁사가 새로운 전략으로 국면전환을 모색하고 있다는 사실을 놓쳐 회사의 해외투자까지 위험에 빠뜨릴 뻔했던 사건이었습니다. 그래도 당시 큰 위기를 가까스로 넘기며 배운 교훈이 있다면 그것은 '비즈니스가 잘 흘러가고 있다고 여길 때가 바로 위기'라는 깨달음이었습니다. 그리고 이러한 경험을 통해 저는 누군가가 '모든 상황이 순탄하다'고 말할 때면 '우리가 지금 놓치고 있는 것이 무엇인가?'를 생각하게 되었습니다.

구름 뒤에는
늘 태양이 있다

이번 주에는 국내의 애널리스트 30여 명과 우리 회사의 일부 임원, 간부들이 참석한 워크숍이 사외에서 있었습니다. 애널리스트들로부터 스마트폰, 텔레비전, PC, 태블릿 등 그들이 주로 담당하고 있는 분야별 시장 현황과 미래에 관한 이야기를 듣고, 그들 또한 우리 회사의 현황과 사업 추진 방향에 대해 궁금했던 점을 확인해보는 유익한 자리였습니다.

애널리스트들이 발표했던 내용을 요약하면 이렇습니다. 스마트폰의 급격한 가격 인하 추세와 중국업체들의 약진이 계속될 것이며, 그런 환경 변화 속에서 우리 회사는 특정 거래선의 특정 제품에 기대어 성장한다는 안일한 생각을 버리고 과감하게 신시장 개척에 매진해야만 한다는 것이었습니다. 이는 우리 글마실이 현재 지향하고 있는 바와 완전히 일치한다고 할 수 있습니다. 우리도 알고 있고, 이미 실행하고 있는 일을 외부인들을 통해 들으며, 저는 '스톡데일 패러독스(Stockdale paradox)'를 떠올렸습니다.

베트남전쟁에 참전했다가 1965년 포로가 되어 1973년 풀려날 때까지 8년간 베트남의 포로수용소에서 갖은 고초를 겪고 생환해 1979년에 중장으로 예편한 미해군 장군 스톡데일.

그는 어떻게 그런 고초를 견뎌낼 수 있었느냐는 질문에, "저는 언젠가 그곳을 나갈 수 있을 거라는 희망을 버리지 않았을 뿐만 아니라, 더 나아가 당시의 상황이 무엇과도 바뀌지 않을 제 삶의 소중한 경험이 될 것임을 의심한 적이 없습니다."라고 대답합니다. 그리고 "어떤 사람들이 수용소 생활을 견뎌내지 못했는가?"라는 질문에 이렇게 답합니다.

"그 상황을 이겨내지 못한 사람들은 불필요하게 상황을 낙관한 사람들이었습니다. 그런 사람들은 크리스마스 전에는 나갈 수 있을 거라고 믿다가 크리스마스가 지나면 부활절이 되기 전에는 석방될 거라는 믿음을 이어나가고, 부활절이 지나면 추수감사절 이전에 나가게 될 거라고 또 믿지만, 그렇게 다시 크리스마스를 맞고 반복되는 상실감에 결국 죽게 됩니다."

스톡데일 패러독스는 역경에 처했을 때 그 현실을 외면하지 않고 정면 대응을 하면 살아남을 수 있는 반면, 조만간 일이 잘 풀릴 거라고 낙관하면 무너지고 만다는 '희망의 역설'을 뜻합니다. 저는 이것이야말로 현재 우리가 마음에 새겨야 하는 이야기가 아닌가 생각합니다.

현재의 어려운 상황이 단기간에 끝나고 곧 좋은 시절이 오리라는 막연한 기대는 애초에 하지 맙시다. 그렇다고 낙담하거나 현실을 비관하지도 맙시다.

대나무가 강한 이유는 대나무 줄기의 중간중간에 마디가 있기 때문이라고 합니다. 마치 어린아이의 팔이나 다리가 한 번 부러져서 깁스를 하면 그 부위의 뼈는 다른 부위보다 훨씬 단단해지듯, 비록 지금 우리 회사의 상황이 많이 어렵지만 이를 특정 고객에 대한 지나친 의존을 벗어나서 새롭게 도약하기 위한 기회의 시간이라고 생각하고 이겨냅시다. 대나무 줄기를 더 강하게 해주는 마디처럼, 지금이 바로 우리 회사를 더 강한 회사로 거듭나게 하기 위한 '단련의 마디' 시기라고 생각합시다.

영어 표현 중에 'Every cloud has a silver lining'이라는 말이 있습니다. 'Silver lining'은 구름 뒤에 숨은 햇빛에 의해 구름 주변부에 생기는 은빛 테두리를 뜻합니다. 결국 어두워 보이는 구름 뒤에도 햇빛이 비추고 있다는 말로, 어려움 속에도 항상 희망은 있다는 뜻입니다. 혹시라도 마음 한구석에 불안함이 있다면, 이 문장을 떠올리며 이겨내기 바랍니다.

함께
만들어가는 길

오늘은 중국 출장에서 느꼈던 점을 이야기해볼까 합니다. 저는 이번 출장을 통해 그 속에서 우려와 함께 희망의 불씨를 볼 수 있었습니다.

매번 중국 출장을 갈 때마다 느끼지만 중국의 전자산업계 회사들의 발전 속도는 무서울 정도로 빠릅니다. 1, 2년 전만 해도 제품의 성능이나 디자인의 마무리 면에서 어설픈 점이 보였고, 그들이 그런 점을 개선하고 세계 시장에서도 경쟁력을 갖춘 제품을 만들어내기까지는 아직 시간이 좀 더 필요하겠다고 생각했습니다. 하지만 이번 출장에서는 이제 그런 시간 차는 없어지지 않았나 하는 마음에 두려움을 느꼈습니다.

성능이나 디자인 면에서 세계 일류 제품에 전혀 뒤지지 않는 제품을 해외 경쟁사의 절반 이하 가격으로 쏟아내는 중국 업체들을 보며 '과연 한국의 세트 업체들은 어떻게 살아남을 수 있을까?' 하는 걱정을 하지 않을 수 없었습니다.

중국 사회 전반의 왕성한 창업열기 또한 두렵게 만드는 요인 중 하나입니다. 한때, 미국 젊은이들의 왕성한 창업열기에 비해 한국의 젊은이들은 각종 고시 준비에 젊음을 바치고 있다는 사실을 빗대어 '미국에는 실리콘밸리가 있고, 한국에는 신림밸리가 있다'는 자조 섞인 말이 돌았습니다. 지난 수년간 중국을 갈 때마다 느끼는 건 중국 전국에 실리콘밸리와 같은 수준의 창업열기가 넘치고 있다는 점입니다. 도시의 젊은이들은 말할 것도 없고 농촌에서도 작은 아이디어만 있으면 과감하게 창업을 하고 있습니다.

요즘 중국을 갈 때마다 느끼는 또 다른 두려움의 대상은 '젊음'입니다. 상담에 들어오는 거래선 엔지니어들은 대부분 20대이며, 심지어 사장, 부사장 등 고위 직급의 인사들조차도 대부분 30~40대 인사들이라 50대도 보기 드물 정도로 젊은이들이 넘쳐납니다. 저는 이런 모습을 볼 때마다 위기의식을 느낍니다.

상담에서 흔히 만나는 거래선의 사장들을 보면 불과 5년 전, 10년 전에는 군인, 학교 교사, 농민, 다른 회사의 직원이었다가 작은 아이디어 하나로 창업을 해서 지금은 수천, 수만 명의 직원을 거느리고 있는 경우가 흔합니다. 저는 그때마다 그나마 잠시 일었던 벤처 창업 열기마저 식어버린 우리나라의 현실을 되돌아보곤 합니다. 흔히들 '지금은 한국인이 중국에 가서 마사지를 받지만, 멀지 않은 날 중국인들이 한국에 와서 마사지를 받는 날이 올 것'이라고 말합니다만, '그날이 정말 멀지 않은 것은 아닌가?' 하는 불안감을 떨칠 수 없습니다.

제가 중국에 첫 출장을 갔던 때가 기억납니다. 1992년 한국과 중국의 국교가 정상화된 직후, 홍콩을 경유해서 중국 본토에 들어가 여러 텔레비전 업체들과 상담을 했습니다.
한 업체와 상담을 하는데 상대 회사에서 구매를 담당하는 젊은 여사원과 60대로 보이는 엔지니어 할머니 등 두 명의 여성들이 참여한 적이 있습니다. 당시 우리 회사의 홍콩 주재원이 중국어가 능통해서 대부분의 상담은 중국어로 진행했습니다만, 구매 담당자가 영어를 구사하는 것은 그렇다 쳐도 할머니 엔지니어가 우리 측 엔지니어와 영어로 기술적인 내용을 협의하는 모습을 보며 줄곧 이런 생각을 했습니다.

 '문화혁명을 통해 지식인들을 대거 도태시켰다는 중국에 영어로 대화를 하는 할머니 엔지니어가 있다니! 과연 지금 한국에서 60대에 영어가 가능한 할머니가 몇 분이나 계실까? 더구나 엔지니어로 범위를 좁힌다면 또 과연 몇 분이나 계실까?'

 당시 그 조건을 모두 충족시키는 한국인은 결코 많지 않았으리라 생각합니다. 그로부터 20여 년이 지난 지금은 그 조건을 충족시키는 분들이 한국에도 늘었겠지만 '영어로 상담 가능한 할머니 엔지니어'가 아닌, '영어로 상담 가능한 할머니 텔레비전 엔지니어'로 범위를 좁힌다면 지금도 국내에서 찾기 어려울 것입니다.

 그날 상담 이후, 저는 이런 생각을 했습니다. 당시 중국의 인구가 약 13억 명이었고, 남북한을 합한 한민족의 인구가 약 6천 5백만 명이었으니, 단순히 인구비를 계산하면 20 : 1이 됩니다. 하지만 당시 한국의 여성들은 결혼 직후, 혹은 출산 후 직장을 퇴직하는 게 일반적이었습니다.

 따라서 저는 할머니도 현장에서 일하고 있는 중국을 보며 '실제로 산업 현장에서 뛰고 있는 인력의 비율은 20 : 1이 아닌, 30 : 1, 아니 40 : 1이 되지 않을까? 이런 중국이 잠에서 깨어나면 정말 무서운 나라가 되겠구나!' 하는 생각을 했습니다.

이야기가 너무 어두운 방향으로 흘렀습니다만, 이번 출장에서 희망의 불씨 또한 볼 수 있었습니다. 최근 일본의 전자부품 회사들도 모두 거래를 희망한다고 언론에 공개적으로 구애하고 있을 정도로 전 세계 부품 회사들의 공략 대상으로 떠오르고 있는 중국의 모 휴대전화 회사를 금년에 수차례 방문해왔습니다. 제가 금년 초 방문했을 때만 해도 냉랭했던 그들이 이제는 함께 뛰는 동반자로 우리를 인식하는 것을 보면서, 현지 사무소의 주재원과 현지인 직원 그리고 본사의 여러분이 그동안 만들어낸 변화가 얼마나 큰지 현장에서 확인할 수 있었습니다. 현재 우리가 그 회사에 공급하는 제품의 종류가 점점 다양해지고 거래규모가 급증하고 있는 것도 바로 여러분이 뛴 노력이 가져온 결실이라고 생각합니다.

또한 한국의 세트 업체들에 대한 경쟁의식 때문에 한국산 부품은 사용하지 않겠다고 공공연히 말하던 다른 회사들과의 미팅에서도 그 변화를 느낄 수 있었습니다. 이제는 우리 회사에 대한 그들의 인식이 '함께 갈 수 있는 회사', '기술적인 도움을 받을 수 있는 회사'로 변한 것을 보면서, '결코 긴 시간이라고는 할 수 없는 지난 반년간 참 많은 일을 이뤄냈구나!' 하는 자부심을 느낄 수 있었습니다.

그래서 저는 상담할 때마다 "짧은 기간에 이렇게 많은 일을 이뤄낼 수 있도록 협조해줘서 고맙습니다."라고 거래선에게 말하며 현지 주재원과 우리 직원들에 대한 고마움을 에둘러 표현하고 돌아왔습니다.

　금주 출장을 통해 느낀 점을 정리하자면 '우리가 나아가고 있는 길이 옳은 방향'이라는 것입니다. 비록 급격한 시황 악화로 인해 우리가 현재 어려움을 겪고 있지만, 그동안의 노력이 이제 가시적인 성과로 이어지고 있으니 우리 모두 올바른 방향으로 나아가고 있다는 확신을 갖고 함께 길을 만들어갑시다.

끝날 때까지
끝난 것이 아니다

2014년 한국 프로야구 코리안 시리즈 3차전을 보면서 느꼈던 점을 이야기해볼까 합니다.

삼성은 정규 시즌에서 1위를 해서 코리안 시리즈에 선착했고, 플레이오프(play-off, 정규 리그를 끝낸 다음 우승 팀을 가리기 위해 별도로 가지는 시합)에서 승리한 넥센이 결국 삼성과 7전 4선승제인 코리안 시리즈를 벌이게 되었습니다. 대구에서 있었던 1, 2차전에서 1승씩 나눠가진 상태로 서울에서 3차전을 벌이게 된 것은 글마실 가족 여러분 모두 잘 알고 있으리라 생각합니다.

어제 있었던 3차전에서는 8회 2사까지 삼성이 1 : 0으로 패색이 짙었다가 이승엽 선수가 친 행운의 안타로 1 : 1 동점을 만들고 9회 초에 박한이 선수가 2점 홈런을 쳐 결국 삼성이 3 : 1로 승리했습니다.

하지만 저는 홈런을 친 박한이 선수보다 신인 박해민 선수에 더 주목했습니다. 박해민 선수는 이틀 전 2차전에서 도루 중 베이스에 손가락이 걸려 손가락의 인대가 50퍼센트 가량 손상되어 병원으로 실려갔습니다. 그런데도 3차전이 열리기 직전에 팀을 위해 어떤 역할이 주어지든 그라운드에 나서겠다는 의지를 다졌다고 합니다.

8회 말 안타를 친 최형우 대신 대주자로 박해민 선수가 나왔을 때, 손은 다쳤을지라도 워낙 발이 빠르니 활용 가능한 승부수라고 생각했습니다. 하지만 다친 손가락 보호를 위해 왼손에 벙어리장갑을 끼고 나온 그를 보자 짠한 마음이 들었습니다.

2사후 친 공이 내야에 높게 뜬 순간, 낙담하며 천천히 1루로 뛰어가는 이승엽의 모습을 보며 '8회도 이렇게 끝나면 결국 이 게임은 삼성이 지겠구나!'라고 생각한 건 저뿐만이 아니었을 겁니다. 모든 관중들이 공수교대(공격 팀이 스리 아웃을 당해 양 팀이 공격과 수비의 임무를 맞바꾸는 일)를 예상하던 그 순간, 박해민 선수가 이미 2루를 찍고 3루로 전력을 다해 내달리고 있었습니다. 결국, 공이 수비진의 중간에 떨어지면서 행운의 안타가 되었을 때 박해민은 이미 3루를 돌아 홈으로 질주하고 있었습니다.

'끝날 때까지 끝난 게 아니다'라는 뉴욕 양키스의 전설적 선수 요기 베라(Yogi Berra)의 말처럼, 이렇게 최선을 다해서 뛴 한 선수 덕분에 삼성은 다 졌던 경기를 1 : 1로 만들어 원점으로 돌릴 수 있었습니다.

만약 다른 선수였다면, 타자조차 거의 자포자기한 모습으로 1루를 향해 천천히 뛰어갈 만큼 타구가 내야에 높이 떴을 때 1루 주자도 2루로 천천히 뛰어갔을 것이고, 그 공이 행운의 안타가 되었을 때 결국 주자 1, 2루가 되었을 겁니다. 하지만 높이 뜬 공에는 아랑곳하지 않고 투 아웃 상황인 것을 감안해 전력 질주한 1루 주자 박해민 덕에 삼성이 기사회생할 수 있었습니다.

3 : 1로 역전에 성공한 뒤에 맞은 9회 말 수비 때, 부상당한 손에 글러브를 끼고 중견수 자리에 들어선 박해민 선수를 보면서 '대주자는 몰라도 부상당한 손으로 수비는 무리가 아닐까?' 하고 생각했습니다. 그런데 그 순간 넥센 3번 타자의 잘 맞은 타구가 외야로 쭉 뻗어가고, 모두들 최소한 2루타라고 생각한 그 공을 박해민 선수가 힘차게 달려와 몸을 던져서 받아냈습니다.

만일 그 공을 잡지 못해 9회 말 노 아웃에 2루 주자를 두고 강타자들인 넥센의 4, 5번을 상대했다면 큰 것 한 방에 동점이 될 수도 있었던 상황이었습니다. 그러나 완전한 안타성 타구를 잡아낸 그 수비 하나가 결국 삼성 승리의 결정적 요인이 되지 않았나 생각합니다.

어제 야구를 보면서 『리더의 옥편』(김영사)이라는 책에서 본 한 이야기가 떠올랐습니다.

중국의 역사에서 진나라가 전국시대 일곱 국가 중 가장 강력한 나라가 되어 천하통일을 눈앞에 두었던 때, 후일 진시황이 되는 진왕도 마음이 느긋해져서 향락을 즐기기 시작하던 어느 날, 한 노인이 찾아왔습니다.

"노인께서는 백 리 떨어진 곳에서 오셨다고 들었소. 오시는 길에 고생이 많았겠소."

"소인이 길을 떠나서 구십 리를 오는 데 열흘이 걸렸습니다. 그리고 다시 열흘 동안 십 리 길을 걸어서 어렵게 도성에 도착했습니다."

진왕이 웃으며 "처음에 열흘 동안 구십 리를 왔다면 어째서 나머지 십 리 길을 오는데 열흘이나 걸렸단 말이오? 계산을 잘못한 것 아니오?"라고 묻자 노인이 이렇게 답을 했습니다.

"처음에는 열심히 걸어서 열흘 만에 구십 리까지 올 수 있었습니다. 그래서 이제 다 왔다 생각하고는 좀 쉬고 나서 걷는데 몸이 말을 듣지 않았습니다. 마지막 십 리 길은 걸으면 걸을수록 길이 더 멀어지는 것 같았습니다. 무진 애를 써서 열흘이나 걸려 마침내 도성에 도착했습니다. 도착해서 생각해보니 구십 리까지 온 것은 거의 다 온 것이 아니라 딱 반을 온 셈이었습니다."

진왕이 이 노인이 그저 걸어온 여정만을 이야기하려는 것이 아님을 알고, "노인께서는 내게 무슨 말씀을 하시려는 것이오?"라고 묻자, 노인은 이렇게 답합니다.

"제가 보기에 진 나라의 천하통일 대업은 구십 리를 온 것과 같습니다. 대왕께서 이미 이룬 성과가 크다 하나 그것은 이제 겨우 반을 이룬 것뿐입니다. 나머지 반을 위해서는 더욱 긴장하고 더욱 노력해야 합니다. 나머지 십 리 길이 더욱 힘들고 어려운 길임을 명심하셔야 합니다!"

진왕은 노인의 충고에 정신이 번쩍 들어서 나태해지려는 자신을 다시 단단히 부여잡고 마침내 마지막 십 리 길을 달려서 천하통일이라는 목적지에 도달할 수 있었다고 합니다.

백 리를 가려는 사람은 구십 리를 가고서 이제 절반쯤 왔다고 여긴다는 뜻의 '행백리자반구십(行百里者半九十)'. 백 리를 가는 사람에게 반은 오십 리가 아니라 구십 리이므로, 나머지 십 리의 여정이 백 리의 반이라는 의미입니다. 그만큼 어떤 일을 하든 마지막까지 신중을 기해 긴장의 끈을 놓아서는 안 된다는 뜻입니다.

저는 박해민이라는 한 어린 야구 선수를 보며 운동이든 회사 생활이든, 공부든 무슨 일을 하든지 자신이 하는 일에 최선을 다하는 모습은 보는 이들에게 감동을 줄 뿐 아니라, 성원하게 만들고, 결과적으로 그의 삶을 성공으로 이끈다는 평범한 진리를 생각했습니다. 최선을 다하는 여러분 모두의 삶을 응원합니다.

3장 **내공**

경험이 가장 큰 무기다

"발걸음이 쌓이지 않으면 천리 길에 이르지 못하고,
작은 흐름이 쌓이지 않으면 큰 강을 이루지 못한다."
- 순자(중국 고대 사상가)

상대의 불만을 없애는
협상 기법

지난 7월, 저는 우리 팀의 실적 변화 추이를 보면서, '우리 팀원들이 드디어 협상하는 방법을 터득하기 시작했나?' 하는 생각을 했습니다.

7월 첫째 주에 예상 실적을 짚어보니 당초 내놨던 실행계획에서 300억 원의 차질이 예상되는 상황이었습니다. 그로부터 또 일주일이 지나자 '추가로 50억 원 차질이 예상된다'고 하더니, 셋째 주에는 '50억 원이 만회될 듯하다'고 하고, 7월을 마친 현시점에서는 다시 100억 원이 추가로 만회되어 마감 실적은 결국, 당초 세웠던 실행계획 대비 200억 원이 미달하는 숫자가 나왔습니다. 마치 원래는 350억 원의 차질이 날 수 있었던 것을 후반 2주간 열심히 150억 원을 만회해 결과적으로는 200억 원 차질로 막았다고 주장하는 듯한 모양새가 되었습니다만, 설마 의도적으로 그런 것은 아니겠죠?

우리 팀의 실적을 보며, 유럽에 주재하던 시절 역내 거점이 있는 터키의 이스탄불에 출장을 갔다가 독일의 프랑크푸르트로 돌아오던 어느 날 오후의 기억이 떠올랐습니다.

이스탄불 공항에서 승객들이 탑승했는데도 한동안 비행기가 출발하지 않아서 다들 의아해하고 있을 때 "기체 결함이 발견되어 수리를 해야 하니 탑승객 여러분은 전부 내려서 터미널에서 다음 안내 방송을 기다려주시기 바랍니다."라는 기내 방송이 흘러나왔습니다.

그렇게 터미널에서 두 시간을 대기하자 나온 안내 방송.

"현재 수리를 하고 있습니다만, 두 시간 정도 더 소요될 것으로 예상하니 양해 바랍니다."

또 두 시간이 흐른 뒤 나온 안내 방송.

"최선을 다해 수리하고 있습니다만, 두 시간 정도 더 소요될 것으로 예상됩니다. 일단 샌드위치와 음료수를 나눠드리도록 하겠습니다."

그로부터 한 시간이 지나서 나온 방송.

"여러분, 기쁜 소식을 전해드립니다. 두 시간 정도가 더 소요될 것으로 예상했습니다만, 저희 엔지니어들이 최선을 다한 결과 한 시간을 앞당겨서 수리를 마쳤습니다. 이제 다시 탑승을 시작하겠습니다."

그날 공항에서 생각한 것은 두 가지였습니다.

첫째, 다섯 시간을 기다리면서도 아무도 불평하지 않던 승객들의 모습을 보며 바로 그 전주에 읽었던 신문기사를 떠올렸습니다. 홍콩발 인천행 항공기의 출발 시간이 두 시간 정도 지연되자 일부 한국인 승객들이 공항에서 항공사의 공식 사과와 보상을 요구하며 끝내 탑승을 거부해 결국 일부 승객을 남겨놓은 채 항공기가 출발했다는 내용이었습니다.

그러나 그날 이스탄불에서는 제가 탑승했던 항공기의 수많은 승객 중 단 한 명도 출발 시간이 다섯 시간 늦어진 것에 대해 항공사에 항의하지 않았습니다.

우선 저처럼 프랑크푸르트가 최종 목적지였던 사람은 도착 시각이 당초 오후 6시에서 오후 11시로 늦어져서 조금 불편해지긴 했지만, 아무도 불만을 말하지 않고 조용히 공항을 빠져나갔습니다. 그리고 프랑크푸르트에서 항공기를 갈아타고 다른 곳으로 이동할 계획이던 승객들은 항공사에서 프랑크푸르트에 마련해준 호텔에서 자고, 그다음 날 아침 이미 항공사에서 예약해놓은 첫 비행기를 타고 당초 목적지로 가면 된다고 생각하고 있었습니다. 이럴 경우, 그날 호텔 숙박비와 호텔까지의 왕복 교통비는 항공사에서 부담하되 그 이상의 보상은 기대하기 어렵다는 사실을 모든 승객들은 자연스럽게 받아들이고 있었습니다.

저 역시 유럽 역내 출장 중 그렇게 항공기 결항으로 항공사에서 잡아준 호텔에서 투숙했던 적이 몇 차례 있었기에 그날 승객들의 반응이 당연하게 느껴졌습니다.

둘째, 기내 방송이 매우 인상적이었습니다. 그들은 이미 네 시간을 기다린 승객들에게 '잠시 후에 수리가 끝날 것 같습니다'라는 말 대신 '두 시간이 더 걸릴 듯하다'는 말로 승객들의 기대치를 한껏 낮춰놓은 뒤, 한 시간 뒤에 수리완료 방송을 함으로써 마치 한 시간을 앞당긴 듯한 착각을 하게 만들었습니다. 이로써 승객들이 다섯 시간 대기에 대한 불평 대신 큰 박수로 엔지니어들의 노고에 감사하는 모습이 연출된 것입니다.

그때 저는 '해외영업을 하면서 납기 문제가 발생할 경우, 거래선에게 일단 넉넉하게 뒤로 미룬 변경된 납기를 통보하고 나서 그보다 며칠을 앞당기는 것이 빡빡한 일정으로 조금만 연기했다가 그 연기된 일정마저도 지키지 못해 더 나쁜 인상을 주는 것보다는 낫다'는 영업 기법을 떠올릴 수 있었고, '이들도 협상 기법을 아는구나.' 하는 생각을 했습니다.

어느덧 올해도 7월이 가고 8월 들어 첫 번째 맞이하는 주말입니다. 여러분은 금년 초에 세운 개인적인 목표들의 12분의 7만큼 나아가고 있는지요? 혹시 달성하고 있는 분들은 그 속도를 늦추지 말고 더욱 정진하고, 목표에 미달하고 있는 분들은 더욱 속도를 내기 바랍니다.

다음 주에는 제가 일주일간 중국 출장을 갑니다. 문득 과장 시절 퇴근 버스에서 우연히 들었던, 제 뒷자리에 앉은 젊은 사원들 간의 대화가 생각납니다.

"야, 요즘 우리 부장님은 출장 가시고 과장님은 연수원에 교육 들어가셨는데, 나 요즘 회사에 오는 게 휴가지에 오는 것 같아! 스트레스도 전혀 없고, 요즘은 정말 회사 다닐 맛 난다!"

그날 그들의 대화를 들으며 '그래, 맞는 말이지. 사원이든 간부든 그 마음은 모두 비슷하겠지.' 하고 생각했습니다. '상사가 자리를 비운 회사 생활은 그 자체가 휴가'이니 여러분 모두 다음 주 일주일간 휴가를 맘껏 즐기기 바랍니다. 그리고 여러분에게 꿀맛 같은 휴가를 주기 위해 희생양이 되어 저와 함께 출장을 가야 하는 여러분의 동료에게는 커피라도 한잔 대접하며 위로의 말을 건네주기 바랍니다.

성공에
길들여져라

 금주에는 세계적으로 유명한 독일의 자동차 그룹과 우리 그룹 간의 기술 교류회 행사에 참석하고 돌아왔습니다. 이번 행사에 참석하기 위해 독일의 호텔을 나서면서 떠올랐던 생각을 말씀드릴까 합니다.

 애플의 창업자, 고(故) 스티브 잡스가 신제품 소개장에 항상 청바지 차림으로 등장했던 것에서도 볼 수 있듯이, 만일 IT 업체들이 밀집한 미국의 서부지역에서 이번과 같은 행사가 있었다면 참석자들의 드레스 코드(dress code)는 당연히 넥타이를 매지 않는 '비즈니스 캐주얼(business casual)'이었을 겁니다. 하지만 유럽은 아직도 복장에 대해 보수적인 데다 자동차 업계는 더더욱 보수적이라는 점을 감안해 이번 행사에 우리 측 참석자들은 '비즈니스 정장'으로 드레스 코드를 통일하기로 사전에 결정했습니다.

그렇게 넥타이를 맨 정장 차림으로 아침에 호텔을 나서 자동차 회사에 차려진 행사장으로 가는데 '길들여짐'이라는 표현이 떠올랐습니다.

입사 후 20여 년을 매일 착용했던 넥타이인데도 해외 주재 생활을 마치고 귀국한 뒤 사회 변화를 반영한 회사의 새로운 방침에 따라 넥타이를 매지 않고 지낸 지가 어느덧 5년이 되었습니다. 어느새 그런 생활에 길들여져 이제 넥타이를 매면 목이 답답하고 어색하게 느끼는 제 자신을 보며, 나도 모르는 사이 넥타이를 매지 않는 생활에 '길들여졌음'을 깨달았습니다.

투견으로 키울 개를 훈련시킬 때, 향후 챔피언을 목표로 키우는 개가 어느 정도 덩치가 커져서 본격적인 싸움 훈련을 시킬 시기가 되면 그의 훈련 상대로 전에 챔피언까지 올랐다가 이제는 늙어서 현역에서 은퇴한 투견을 세운다고 합니다. 즉, 비록 힘은 예전 같지 않지만 다양한 싸움 기술을 구사할 줄 아는 상대와 싸움을 붙임으로써 상대방의 싸움 기술을 습득하게 해주는 것입니다.

이때 젊은 투견이 싸움 초반에 젊은 패기를 바탕으로 밀어붙여서 공격을 할 때는 놔둔다고 합니다. 그러나 어느 정도 시간이 지나 초반에는 노련하게 슬슬 피하기만 하며 상대방의 힘을 빼던 은퇴한 챔피언이 드디어 공세로 전환해서 젊은 투견을 몰아붙일 때가 되면 싸움을 중지시킨다고 합니다.

만약 그대로 놔두면 초반에 힘을 몰아 쓴 젊은 투견이 노련하게 피하며 힘을 비축한 늙은 투견에게 결국은 패배할 수밖에 없는데, 바로 그런 상황을 피하기 위함이라고 합니다. 이를 통해 젊은 투견은 은퇴한 챔피언들의 다양한 싸움기술을 습득하면서도 한 번도 패배하지는 않은 채 성장하고, 그런 '불패(不敗)에 길들여진 경험'이 결국 실제 대회에 나갔을 때 당당하고 자신 있게 싸움에 임하게 만드는 원동력이 된다고 합니다.

위와 유사한 이야기를 언젠가 미국의 프로농구 감독이 쓴 책에서 본 기억이 있습니다. 그는 자신만의 신인 선수 선발 기준을 갖고 있었는데, 바로 중·고등학교, 대학교 선수 시절에 우승을 많이 했던 학교 출신, 즉 '승리의 경험에 길들여져 있는가'를 본다고 합니다. 그런 선수들로 팀을 구성해놓으면 자연히 승률이 오르더라는 것입니다.

유럽에 주재하던 시절 사장을 모시고 두바이에 출장을 갔는데 당시는 지금도 세계에서 가장 높은 빌딩인 부르즈 할리파(Burj Khalifa)를 삼성물산이 건설하고 있던 때였습니다. 저는 사장을 수행하여 현장을 방문해 진행 상황을 브리핑받고 건설 현장을 돌아보았습니다.

공사 중 건물 외벽에 임시로 설치되어 있는 엘리베이터를 중간에 몇 차례 갈아타며 맨 꼭대기까지 올라갔는데 당시 143층을 짓고 있었습니다. 발을 옮기기도 부담스러울 정도로 높은 공사 현장에서 일하고 있는 인부들의 움직임이 매우 자연스러워 현장 감독자에게 어떻게 저럴 수가 있느냐고 물었습니다. 그랬더니, 그들은 건물이 올라가기 시작한 공사의 초기부터 참여한 인력이라 했습니다. 저층에서부터 한 층씩 공사를 해가면서 높이에 길들여진 사람은 143층의 높이에서도 작업을 할 수 있지만, 신참 작업자를 바로 고층 작업 현장에 투입하면 다리가 떨려서 일을 하지 못한다는 것이었습니다.

독일 자동차 회사의 행사 현장으로 향하는 차 안에서 끝없이 이어갔던 '길들여짐'에 대한 생각의 끝에는 사실 올해 우리 부서에 합류한 신입사원 막내들에 대한 미안함이 있었습니다.

저는 선배들이 잘 만들어준 환경 속에서 승리에 '길들여질' 기회를 누리며 성장해올 수 있었습니다. 하지만 저는 높은 경쟁률을 뚫고 청운의 꿈을 품은 채 입사한 우리 팀의 막내들에게 승리에 '길들여질' 기회를 제공하지 못하고 있는 팀장으로서, 또 직장 선배로서 미안함을 느낍니다.

어쩌면 그런 아쉬움과 미안함이 매주 이렇게 몇 자라도 적어서 여러분에게 보내지 않고는 못 배기게 만드는 것인지도 모르겠습니다. 새내기들에게도 승리와 성공에 '길들여질' 기회를 주도록 노력하겠다는 제 자신에 대한 다짐으로 오늘 이야기를 마칩니다. 심신을 재충전하는 주말을 보내고 다음 주 월요일에 웃는 모습으로 만납시다.

내 장미꽃이
소중한 이유

지난주에는 영어권 거래선들을 대상으로 한 거래선 초청행사가 있었습니다. 오늘은 그 행사를 치르면서 느꼈던 점을 이야기해보려 합니다.

태풍의 한가운데인 '태풍의 눈'은 도리어 태풍의 영향을 전혀 느낄 수 없는 고요한 상태를 유지한다는 사실을 여러분도 잘 알고 있을 겁니다. 저는 해외 주재 생활을 마치고 귀국했을 때, 태풍의 눈과 유사하게 한 사회 안에 속해서 살고 있는 구성원들은 정작 그 사회에서 일어나고 있는 변화를 잘 느끼지 못할 수도 있다는 사실을 체감하곤 했습니다.

　첫 번째는 1999년에 브라질 주재 생활을 마치고 귀국해서 얼마 지나지 않은 어느 날의 일입니다. 제가 귀국했다는 소식에 연락해 온 대학 동기와 영화관을 갔는데 천여 명이 한꺼번에 한 편의 영화를 보던 2층 건물이 헐리고 그 자리에 5층짜리 멀티플랙스 영화관이 들어서 있었습니다. 한국에서 생활해온 그 친구는 영화관이 변화한 사실을 거의 느끼지 못하는 듯했습니다만, 저에게는 그 작은 변화가 크게 다가왔습니다.

　학창 시절에는 극장에 조금 늦게 도착해서 영화를 놓치면 빵집이나 다방에서 한두 시간을 기다렸다가 그다음 시간대의 영화를 봐야만 했습니다. 하지만 변화된 시대의 한국인에게 '한두 시간'은 기다려줄 수 없는 긴 시간이 되어버린 듯했습니다.

　결국 영화관을 여러 개의 공간으로 분할해 같은 영화를 약간의 시차를 두고 상영함으로써 언제든지 기다리지 않고 영화를 볼 수 있게 하는 일종의 물리적인 VOD(Video On Demand, 통신망 연결을 통해 사용자가 필요로 하는 영상을 원하는 시간에 제공해주는 맞춤 영상정보 서비스) 체계를 갖춰 '기다려주지 않는 관객을 잃지 않으려는' 극장들의 변화를 엿볼 수 있었습니다.

　그렇게 1999년에 브라질에서 돌아와 한국에서 5년을 근무한 뒤, 다시 독일로 파견되어 5년간 주재 생활을 하고 돌아왔을 때 저는 또다시 우리 사회의 변화를 실감할 수 있었습니다. 바로 오랜 기간 우리 사회의 풍습 중 하나였던 '집들이' 문화가 사라졌다는 점입니다.

전에는 결혼을 하거나 새집으로 이사를 하면 직장 동료나 친구들을 집으로 초대해 집을 보여주고, 초대받은 사람들은 새집에 필요한 생활용품 등을 선물하며 함께 식사를 하는 게 일반적이었습니다.

혹자는 2008년 경제 위기 때부터 그런 변화가 일어났다고 하고, 좀 더 거슬러 올라가면 1997년 IMF 외환 위기 이후부터 이미 그 변화가 시작되었다고 하는 사람도 있습니다. 아무튼 '집들이 문화의 소멸' 역시 그 안에서 생활하고 있는 사람들은 느끼지 못하는 사이에 우리 사회가 변화했음을 보여주는 한 가지 사례라고 생각합니다.

거래선 초청행사 이야기를 하다가 뜬금없이 극장과 집들이 이야기를 하는 이유는 서로 관련이 없는 듯한 그 두 가지 사안에 공통점이 있음을 느꼈기 때문입니다.

거래선 초청행사를 준비하기 위해서는 초청 대상업체 선정 및 초청장 발송, 호텔 및 식당 예약, 공연 이벤트 업체 물색, 거래선 선물 준비, 각종 안내 인쇄물과 교재 준비, 강사 준비, 공항 영접, 공장견학 준비 등은 물론, 개막식과 폐막식에서 여러분이 직접 보이는 공연 준비 등 일일이 열거할 수 없을 정도로 많은 일들을 해내야 합니다. 더욱이 그 일들을 여러분의 본업인 거래선 관리, 매출 확대 등의 업무와 병행해야 하므로 부담이 된다는 사실을 저 또한 잘 알고 있습니다.

특히, 이번에는 행사 바로 일주일 전에 추석 연휴가 있었던 관계로 행사를 준비하기에는 최악의 상황이었습니다. 그래서인지 '행사의 개막식, 폐막식 때 하는 공연은 이벤트 회사의 공연단을 불러서 하는 것으로 충분하지, 왜 우리가 직접 춤을 추고 노래까지 해야 하는가?'라고 말하는 몇몇 직원들이 있었다는 말을 전해 들었습니다.

작년, 재작년에 사업부장으로서 동일한 행사를 할 때는 직원들로부터 그런 의견을 들어본 적이 없었던 저는 '고객 초청행사 10년 만에 이런 말들이 나오는 것 또한 하나의 시대 변화구나!' 하는 생각을 했습니다.

여러분이 행사를 완벽하게 준비해서 사흘간의 행사를 잘 마무리했을 때, 많은 고객들은 이런 질문을 했습니다.

"Mr. Yoo! 도대체 당신 직원들의 능력의 끝은 어디인가? 일도 잘하고, 행사 진행도 매끄럽게 하고, 공연까지 이렇게 완벽하게 하니 도대체 저들이 못하는 게 뭔가?"

그때마다 저는 이렇게 고객들을 웃게 만들곤 했습니다.

"글쎄요. 제가 생각해도 다 잘하는 것 같은데 굳이 못하는 것을 하나 꼽자면 영업사원들에게는 별로 중요한 일이 아닌 '아주 사소한 일', 매출 확대라 할 수 있을 것 같습니다. 이 한 가지만 제외하고는 다 잘하는 것 같습니다. 그 '사소한 일'은 고객 여러분께서 조금만 도와주시면 해결되지 않을까 싶습니다."

사실 여러분 중 일부가 던졌던 '행사의 개막식, 폐막식 때 하는 공연을 위해 우리가 직접 무대에까지 올라야 하는가?'라는 질문에 대한 답은 여러분의 공연이 끝난 뒤 고객들이 보여준 열화와 같은 반응을 통해 이미 나오지 않았나 생각합니다.

이번 고객 초청행사 기간 내내 오래전 새집으로 이사한 친구의 집들이에 초대받아 찾아갔을 때의 기억이 제 머릿속을 떠나지 않았습니다.

그날 집들이 음식은 출장뷔페 회사에서 와서 차린 것이었습니다. 물론 음식은 다양하고 화려했지만, 집들이를 마치고 나오는 친구들의 표정이 그리 밝지만은 않았습니다. 그것은 그동안 집들이라고 하면 당연히 그 집 안주인이 직접 차린 소박한 음식을 함께 먹으며 새집 이주를 축하해주는 것으로 알고 있었기 때문입니다. 아마 다들 당시 막 시작된 출장뷔페라는 것이 낯설기도 했고, '정성이 돈으로 대체되어버린' 것 같은 상황에 대해 씁쓸함을 느꼈던 거라고 생각합니다. 물론, 이제는 사회가 변해서 집들이는 물론 다른 가족행사 때도 출장뷔페를 부르는 게 흔한 일이 되었지만 말입니다.

고객 초청행사에서 이벤트 회사의 공연단이 아무리 훌륭한 공연을 선보여도 크게 반응하지 않던 고객들이 여러분이 직접 준비해서 보여주는 '약간은 미숙한' 공연에는 그토록 큰 반향을 보인 건 '결코 돈으로는 대체할 수 없는 정성이 주는 감동', 즉 '5성급 호텔의 음식이 집에서 먹는 집밥에 미치지 못하는' 것과 같은 이치가 아닐까 생각합니다.

이번 행사에서 여러분이 보여줬던 공연 중 일부는 이번 달의 글마실 소통포럼에서 다시 한 번 무대에 올릴 생각입니다. 이로써 행사에 참석하지 못했던 글마실 가족들도 우리가 고객들을 위해 어떤 공연을 준비했고 어떻게 고객을 감동시켰는지를 함께 느껴보는 자리를 갖도록 할 것입니다.

다시 한 번 이번 행사를 준비하고 진행하는 과정에서 수고하신 모든 분들의 노고에 감사의 말씀을 드리며, 생텍쥐페리의 『어린 왕자』에서 여우가 어린 왕자에게 해준 말로 이야기를 마칠까 합니다.

"네 장미꽃이 그토록 소중하게 된 것은 네가 네 장미꽃을 위해서 들인 시간 때문이야. 그래서 네 장미꽃이 그렇게 소중하게 된 거야."

소통의 본질

이번 주에 다녀온 중국 출장 중에 느낀 점을 이야기해볼까 합니다. 중국에 도착해서 호텔 체크인을 할 때 호텔 직원으로부터 "일반실 값에 스위트룸으로 업그레이드해드리겠습니다."라는 말을 들었습니다. 그 순간 약 2주전 "앞으로 내가 해외 출장을 갈 때는 현지 법인에 연락해서 회사의 상황도 여의치 않고 하니 호텔은 반드시 일반실을 예약하라고 일러두라."라고 했던 기억이 떠오르며, '아! 내가 공연히 주재원들을 곤란하게 했구나!' 하는 생각을 했습니다.

비즈니스 목적으로 출장을 가면 호텔 내의 시설을 이용할 여유도 없이 밤늦게 들어가 잠만 자고 나올 테니 구태여 크고 호화로운 방에 묵으며 돈을 낭비할 필요는 없겠다는 생각에 했던 말이었습니다. 하지만 주재원이 이 말의 저의를 생각하며 사전에 저를 위해 호텔에 업그레이드를 부탁하느라 아쉬운 말을 했을 정황이 눈에 선해 마음이 편치 않았습니다. 그리고 내 자신이 아무리 순수하고 좋은 뜻으로 한 말일지라도 상대방의 입장에서는 그 말을 다르게 해석할 수도 있다는 깨달음을 얻었습니다.

제가 입사했던 시절에는 해외 거래선과의 통신은 주로 텔렉스를 이용했고, 텔렉스 요금은 알파벳으로 몇 자를 타이핑하는가에 따라 결정되었으므로 최대한 글자를 줄인 약어(略語)를 쓰는 게 관례였습니다. 그 이후 '팩스(fax) 시대'를 거쳐 이제는 '이메일 통신 시대'가 되어 글자 수가 요금과는 상관이 없으므로 대부분 영어 단어를 있는 그대로 전부 쓰고 있습니다. 따라서 T4(therefore), DLVY(delivery), SCHDL(schedule) 같은 용어들은 사라졌지만, 아직도 비즈니스 용어들 중 ASAP(as soon as possible), ETD(expected time of departure), ETA(expected time of arrival) 등은 텔렉스 시대의 잔재로 남아 오늘날에도 흔히 사용되고 있습니다.

저도 후배들을 교육할 기회가 있을 때면, '가능하면 약어를 사용하지 말고 단어 전체를 다 쓰되, 최대한 쉬운 단어를 사용해서 정확하게 의사 전달이 되도록 하는 것이 좋은 비즈니스 메일'임을 강조해왔고, 제 자신도 회사 내에서의 대화, 메일 등 어떤 방식이든 간에 의사전달에서 가장 중요한 것은 '상대방이 내 뜻을 정확하게 이해하도록 하는 것'이라는 생각으로 생활해왔습니다. 하지만 그날 호텔에서 예상치 못한 일을 겪으면서 '내 의사 전달 방식에 아직도 개선할 점이 많구나!' 하는 반성을 했습니다.

본사에서 출장을 오는 임원이 회사의 출장 경비 규정보다 급을 낮춰서 호텔방을 예약해달라고 하는 말을, 과연 주재원은 어떻게 해석할지에 대해 생각해봐야 했습니다. 그냥 일반실로 예약해주면 되는 건지, 말은 그렇게 했어도 스위트룸으로 예약해줘야 하는 건지 고민했을 거라는 사실 정도는 굳이 해외 주재 생활을 해봤던 경험을 떠올리지 않더라도 충분히 헤아릴 수 있었을 텐데 말입니다.

"앞으로 내가 해외 출장을 갈 때는 현지 법인에 연락해서 회사의 상황도 여의치 않고 하니 호텔은 반드시 일반실을 예약하도록 일러두라."라고 했을 때, 저는 그 자체만으로 부연 설명이 필요하지 않은 명확한 의사표현이라고 생각했습니다. 그러나 저의 그 말이 해외 현지에 전해졌을 때 주재원들이 어떤 고민을 하게 될지에 대한 배려가 없었다는 점에서 제가 했던 말은 결코 '완전한 의사표현'은 아님을 그제야 알게 되었습니다. 한편으로는 '30년 직장 생활의 말년이 되어서야 이 사실을 깨달았는데, 그렇다면 지금까지 내 말과 글로 인해 얼마나 많은 사람들이 마음에 상처를 입고, 고민했을까?' 하는 생각에 낯이 뜨거워졌습니다.

이번 경험을 통해 저는 진정한 의사 전달은 '내 뜻을 정확히 전하는 것'을 넘어 '상대방의 입장을 배려해서 내 뜻을 전하는 것'이어야 한다는 깨달음을 얻을 수 있었습니다.

위기도
언젠가 추억이 된다

5년간의 브라질 주재 생활은 제게 많은 추억을 남겨줬습니다. 30대 중반에 지구 반대편에 있는 나라에 초대 주재원으로 가서 사무실을 개설하고 신규 거래선을 개척하며 바쁘게 뛰었던 경험은 이후의 제 삶에도 긍정적인 영향을 미쳤다고 생각합니다.

그때는 차에 내비게이션이 없던 시절이라 운전을 하다가 길을 물어보는 일이 많았습니다. 그런데 브라질에서는 지나가는 사람에게 혹은 주유소에 들러서 길을 물으면 모두 흔쾌히 가르쳐줬습니다. 신기한 점은 그냥 "이 길로 쭉 가면 됩니다."처럼 건성으로 말해주는 것이 아니고, "여기서부터 두 블록을 직진한 뒤에 우회전해서 세 블록을 가고, 거기서 좌회전해 30미터쯤 가면 목적지가 나옵니다."라는 식으로 상세히 알려줬다는 것입니다. 마치 모든 사람들의 머릿속에 지도가 입력되어 있기라도 한 듯, 디테일하게 알려준다는 점이 참으로 인상적이었습니다.

물론, 그렇게 가르쳐준 길이 항상 정확하기만 했던 것은 아닙니다. 어쨌든 브라질 사람들은 누군가에게 길을 가르쳐줄 때는 반드시 상세히 알려줘야 한다고 교육을 받은 것이 아닌가 싶었을 만큼, 제가 주재하는 동안 브라질에서 길을 물어봤을 때, 대충 말해주는 사람은 한 번도 본 적이 없었고 다른 주재원들도 그 점을 참 신기하게 여겼습니다.

또한, 브라질 친구들은 인종차별을 하지 않고 항상 낙천적이고 친절했습니다. 음식도 우리 입맛에 꼭 맞았고, 과일도 값싸면서 맛있고 다양했으며, 날씨 또한 사계절이 있어서 한국인이 적응하는 데 어려움이 없었습니다. 그런 브라질을 생각하면 지금도 입가에 웃음이 떠오릅니다.

하지만 한 가지 아쉬움이 있었다면 바로 '불안한 치안'입니다. 지금도 브라질의 치안 문제는 전 세계적으로 잘 알려져 있습니다. 제가 주재하던 시절에도 상파울루 시에서 연 평균 약 300여 건의

은행 권총강도가 발생했을 정도였습니다. 주말과 휴일을 빼고 계산하면 결국 상파울루 시에서만 매일 한 건 이상의 은행 강도 사건이 일어났던 셈입니다. 이것만 보더라도 치안 문제가 어느 정도로 심각했는지 짐작되리라 생각합니다.

　브라질에서 귀국해서 얼마 지나지 않은 어느 날 오후, 서울에서 차에 가족을 태워 어디론가 가고 있었습니다. 당시 초등학생이던 제 아들이 어떤 사람이 길가의 현금 인출기에서 뽑은 돈을 세면서 길을 걷는 것을 보고 "아빠, 브라질이라면 저 사람은 이미 죽은 사람이다. 그렇죠?"라고 물었습니다. 저 또한 "그래, 전에는 저렇게 돈을 세며 거리를 걷는 것이 하등 이상할 게 없었는데 브라질에서 살다 오니 저런 모습이 신기하게 보이는구나."라고 말했던 기억이 납니다.

　브라질의 치안 문제가 이 정도로 심각했기에 당시 대부분의 주재원들이 한두 번 강도를 당하는 것은 일종의 통과의례로 생각했고, 브라질 주재 기간 중에 권총 강도를 한 번도 당하지 않고 귀국하는 사람은 행운아라고 여기는 분위기였습니다.

　어떤 주재원은 한 번도 강도를 당하지 않았다는 사실을 항상 자랑스러워하곤 했는데, 귀국을 일주일 남기고 일이 터지고 말았습니다. 저를 포함한 주재상사 협의회 회원들이 송별 골프 대회를 열어쳤는데 바로 그날 골프장의 가장 외진 홀에 숨어 있던 권총 강도들을 만난 겁니다. 그래서 한때 주재원들 사회에 '주재 생활을 마치고 한국에 돌아가는 비행기를 탈 때까지는 강도를 당하지 않았다는 사실을 자랑하지 말라'는 말이 유행하기도 했습니다.

저는 주재 생활 초기, 신문 기사에서 권총강도에게 총을 맞아 척추를 다치는 바람에 평생 누워서 생활하게 된 20대 브라질 청년의 한탄을 읽은 적이 있습니다.

"돈은 다시 벌면 되지만 목숨은 하나밖에 없으니 저는 언제든 권총 강도를 만나면 가진 것을 모두 주겠다고 생각하며 살아왔습니다. 그런데 막상 은행에서 돈을 찾아 나오다가 강도를 만났을 때는 왜 평생 생각했던 것을 잊어버리고 강도의 지시를 따르지 않아 이렇게 되었는지……. 생각할수록 제 자신이 원망스럽습니다. 반항하려던 건 아니었는데 권총 강도를 만난 순간 무심결에 손을 앞으로 뻗었고, 강도는 제가 권총을 빼앗으려 하는 것으로 여겼나 봅니다."

그 피해자의 인터뷰 기사를 읽으며 '강도를 만나면 달라는 대로 무조건 주자'는 생각으로 주재 생활을 시작했습니다.

지갑은 항상 양복의 양쪽 안주머니에 각각 한 개씩 넣고 다녔는데, 하나에는 신용카드와 현찰 등 진짜 중요한 것들을 넣고, 또 하나에는 약간의 현금과 강도에게 줘도 크게 문제될 게 없는 항공사 마일리지 카드, 건강 보험카드 등 몇 개의 카드를 넣었습니다. 강도가 야간의 어두컴컴한 불빛 속에서 지갑을 열었는데 카드가 없으면 또 다른 지갑이 있는 건 아닐까 의심하지 않도록 만든, 소위 '강도용 지갑'을 넣고 다닌 것입니다.

운전을 할 때는 되도록 인도에 접해 있는 가장 바깥쪽 차선은 피했고, 특히 야간에 운전할 때는 앞차와의 간격에 신경을 썼습니다. 만일 전방의 교통신호가 바뀔 때 제 차가 가장 앞에 서지 못하고 다른 차의 뒤에 서야 하는 경우에는 최대한 거리를 두고 정차했습니다.

그 이유는 첫째, 인도와 가까운 가장 바깥쪽 차선은 당연히 인도에서 목표물을 노린 채 기다리고 있는 강도에게 노출되기 가장 쉬운 차선이므로 피했고, 둘째, 신호대기 차량 중 맨 앞에 있는 차는 만일 강도가 접근해도 그냥 신호를 무시하고 달려나갈 수 있기에 강도들이 주로 두 번째 정차한 차량부터 노리기 때문입니다. 두 번째 이후에 정차한 차량이 앞차에 바짝 붙어버리면 강도가 접근할 때 속수무책으로 당할 수밖에 없지만, 거리를 두고 정차하면 누군가 접근해올 때 서서히 차를 앞으로 움직여서 신호가 바뀔 때까지 어느 정도 시간을 벌 수 있습니다. 그렇게 피해 확률을 현저히 줄일 수 있는 '강도 피하기 요령'을 나름대로 실천하며 생활했습니다.

그런데 주재를 시작한 지 만 1년이 되어가던 때의 일입니다. 본사에서 출장을 온 임원과 거래선 상담을 마치고 만찬을 위해 이동하던 길이었습니다. 거래선 사장은 별도의 차량으로 가고, 제가 운전하는 차의 조수석에는 본사에서 온 임원이, 뒷자리에는 식당까지 가는 길을 안내해주기 위해 동승한 거래선의 부사장이 앉아 함께 이동하고 있었습니다.

해가 막 넘어가는 어스름한 저녁 시간, 서울로 치면 종로에 해당하는 상파울루 중심가의 왕복 8차선 대로를 달릴 때였습니다. 그때도 저는 습관처럼 인도와 접한 가장 바깥쪽 차선은 피해서 3차선 도로를 달리고 있었습니다.

교통 신호가 바뀌어 모든 차량들이 정차했을 때였습니다. 순간 두 명의 청년들이 순식간에 차도로 내려오더니 제 차의 창문을 두드리며 힘 있고 낮은 톤의 목소리로 "헬루지우('시계'라는 뜻)!"를 외쳤습니다. 얼핏 보니 한 사람은 신문지로 가린 권총으로 저를 겨누고 있었고, 또 한 사람은 차에 몸을 바짝 붙여서 동료와 자신이 들고 있는 총을 가린 채 서 있었습니다.

순간, 저는 운전대를 잡고 있는 제 손목을 봤습니다.

'아차!'

하필 그날 아침 브라질에 주재를 시작하는 날부터 항상 차고 다녔던 값싼 전자 손목시계의 배터리가 다 되어 결혼 예물로 받은 손목시계를 차고 집을 나섰는데, 인도에 있던 강도들이 예리한 눈으로 그것을 발견했던 것입니다. 결혼 예물로 받았던 시계도 비싼 것은 아니었지만, 황금색이라 강도들의 시선을 끌었던 듯했습니다.

저는 순간적으로 '아! 이 친구들이 이 차에 외국인만 있는 줄 알고 이러는가 보다. 뒷자리에 브라질 사람이 타고 있는 줄도 모르고!' 하는 생각에 뒷자리에 앉은 거래선의 부사장을 돌아보며 "어떻게 할까요?"라고 물었습니다. 그러자 그가 "얼른 넘겨줘요!"라고 거의 절규하다시피 외치는 것이었습니다.

그 순간 정신이 번쩍 든 저는 '하긴, 내가 왜 브라질 사람이 있는 줄 알면 저들이 시계를 요구하지 않았을 것이라고 생각했지? 이 나라에서 매일 강도들에게 당하는 사람들이 바로 현지인들인데!' 하는 생각에 손목에서 시계를 풀었습니다.

그런데 그 순간 교통신호가 바뀌었고, 제 차 옆에 선 두 명의 청년이 권총을 들고 있는 사실을 알 리가 없는 제 뒤의 차들이 그들에게 길에서 나가라며 일제히 경적을 울려댔습니다. 그들은 이미 눈앞에서 시계를 풀고 있는데도 빼앗지 못한 것을 못내 아쉬워하는 표정으로 차도를 벗어나 인도로 올라갔습니다. 그러고는 아무 일도 없었다는 듯, 권총을 다시 신문지에 감추며 차도에서 빠져나가 자연스럽게 인파 속으로 섞여 들어갔습니다.

차가 움직이기 시작하자 제 옆자리에 앉았던 본사 임원이 이렇게 말했습니다.

"유 소장, 나는 조금 전에 그들이 창문을 두드릴 때 왜 그러나 했는데, 자네가 뒷자리를 향해 고개를 돌리자 권총 총구가 바로 내 눈앞에 보이더군. 그 순간은 몰랐는데 왜 지금 이렇게 다리가 후들거리지? 아마 집에 가서 이 일을 이야기하면, 집사람이 브라질 출장 갈 생각은 꿈도 꾸지 말라고 할 걸세."

저는 그 순간 왜 그리 덤덤했는지 모르겠습니다만, 그 뒤에 생각해보니 '만일 제가 뒷자리의 거래선 부사장을 보며 이야기하는 동작이 강도들의 지시를 거절하는 것으로 비춰졌다면 그들이 총을 쐈을 수도 있었겠구나!' 하는 생각이 들었습니다. 그러자 앞서 언급한, 신문기사에서 브라질 청년이 "내가 왜 강도들의 지시에 따르지 않고 그렇게 행동했는지, 내 자신이 원망스럽다."라고 했던 말이 무슨 뜻인지 이해할 수 있었습니다.

즉, 평소에 문제가 터지면 어떻게 대처할지에 대해 인지하고 있다 해도 실제로 위급한 상황에 처했을 때 그것을 그대로 행동

<u>으로 옮길 수 있을지는 아무도 장담할 수 없음</u>을 깨달았습니다. '그나마 제가 손목시계를 푸는 자세를 취해서 강도들이 더 극단적인 행동을 하는 것은 막지 않았나' 하는 생각이 들었습니다.

같이 있던 임원이 귀국 후 본사의 임원회의에 참석해서 브라질에서 겪은 일을 보고하자 본사에서 '즉시 방탄차로 차량을 교체하라'는 지시가 떨어졌습니다. 그래도 저는 '방탄차량의 가격이 너무 비싸니 그냥 지갑 두 개를 갖고 다니는 것으로 해결하겠다'고 본사에 보고하고 주재를 마칠 때까지 '방탄차와 관련된' 본사의 지시를 따르지 않았습니다. 하지만 지금은 그룹의 규정이 브라질의 삼성 주재원들은 전원 방탄차량을 구입해야만 하는 것으로 바뀐 상태입니다.

그렇게 주재 첫해에 겪은 권총강도가 일종의 초기 정착을 위한 액땜이었다면, 진짜 저승문 앞까지 갔다가 돌아온 사건은 주재를 마치고 귀국하기 이틀 전에 벌어졌습니다.

그때는 본사에서 주재 발령을 받고 제 후임으로 나온 후배 간부와 브라질 각지의 거래선들을 방문해서 후임자를 소개시켜주고 저의 이임 인사를 하던 시기였습니다. 그 과정의 하나로 그날은 상파울루에서 차로 약 한 시간 반 정도 떨어진 도시에 있는 거래선 몇 곳을 방문했습니다.

거래선들이 위치한 도시의 날씨는 맑았는데 오후에 상담을 마치고 상파울루로 돌아오는 고속도로에서 상파울루 쪽 하늘을 보니 온통 시커먼 먹구름으로 덮여 있었고, 번쩍번쩍하며 번개가 내리치고 있었습니다. 그렇게 한 시간 정도 고속도로를 달려서 들어선 상파울루는 이미 물난리가 난 상태였고, 폭우는 계속되고 있었습니다.

사무실로 향하는 강변도로도 곳곳이 침수되어 할 수 없이 우회도로를 찾아 사무실로 향했습니다. 이미 저지대는 시동이 꺼진 차량들로 가득했기에 우리는 가능한 한 조금이라도 더 높은 고지대의 도로를 이용해서 계속 이동하기로 했습니다.

그렇게 한참을 달려 드디어 아냥가바우 터널(Tunel Anhangabau) 앞에까지 다다를 수 있었습니다. 이제 이 긴 터널만 지나면 사무실도 멀지 않았다는 생각에 조금은 마음을 놓으며 끝없이 늘어선 차량들의 행렬을 따라 느릿느릿 터널 입구를 향해 가고 있었습니다.

그 순간 언뜻 이 터널이 중간이 낮게 내려갔다가 다시 올라오는 구조로 되어 있다는 사실이 떠올랐습니다. 한편으로는 '이 터널을 통과하지 않고 사무실로 가려면 꽤 먼 길을 돌아서 가야 되는데 그냥 터널로 진입할까?'라는 충동이 들기도 했습니다. 하지만 결국 '시간이 좀 걸리더라도 안전한 게 제일이지.'라는 생각에 터널로 진입하기 직전에 우측으로 빠져나가기로 했습니다.

터널 입구에서 약 10미터 떨어진 전방부터 끼어드는 차량을 막기 위한 구조물이 세워져 있었는데, 제가 우측 차선으로 빠져나온 지점이 바로 그 구조물이 시작되는 곳이었습니다. 만일 차바퀴가 한 바퀴만 더 굴렀어도 천천히 터널로 진입하는 차량 대열에 합류할 수밖에 없는 상황에서 옆길로 빠졌던 셈입니다.

그 이후에도 한 시간을 넘게 고지대의 샛길을 돌고 돌아 천신만고 끝에 사무실에 도착했습니다. 도착하자마자 바로 텔레비전을 켰는데, 역시나 상파울루 시내 곳곳의 물난리 상황이 보도되고 있었습니다.

그런데 그중 가장 큰 사고가 난 곳이 바로 제가 통과할 뻔했던 아냥가바우 터널이었습니다. 단시간에 쏟아붓는 폭우를 이기지 못해 터널 속의 배수 펌프가 작동을 멈춘 순간, 터널의 양끝에서 터널 중앙부로 엄청난 양의 물이 밀려들어온 것입니다. 그렇게 터널 안에 있던 수백 대의 차량이 물속에 잠겨버려, 사상자가 몇 명인지 파악조차 안 되고 있는 상황이라고 했습니다. 그나마 입구 근처에 있다가 간신히 빠져나온 사람들이 카메라 앞에서 "말 그대로 지옥이었습니다. 물이 밀려들어오자 아무리 수영을 잘해도 소용이 없었습니다."라며 당시의 상황을 전하고 있었습니다.

우리가 옆으로 빠져나오고 얼마 지나지 않아 사고가 터졌으니, 만일 그때 차선을 바꾸지 않았다면 틀림없이 터널 안에서 꼼짝없이 사고를 당했을 터였습니다.

이틀 뒤 귀국을 위해 공항으로 이동하는 길에 그 터널 옆을 지나게 되었습니다. 터널에서 침수된 차량과 그 내부의 수많은 희생자들을 꺼내고 있는 사고 현장을 보니 만감이 교차했습니다.

'아! 브라질에서의 마지막 고비도 이렇게 넘기고 가는구나! 참 파란만장했다!'

돌아보면 아찔한 기억이기도 하지만, 권총 강도로 시작해서 물난리로 마무리한 저의 브라질 주재 경험은 이제 큰 추억이 되었습니다. 그리고 그 경험은 제가 한 단계 성장할 수 있는 계기가 되었습니다.

영업은
시험의 연속

　외국 거래선과 상담을 할 때면 주의해야 할 점이 많이 있습니다. 예를 들어 종교, 인종, 정치, 역사 등과 관련된 사항은 각 국가마다 또는 상담에 참석하는 각 인물마다 이해관계가 다를 수 있으므로 당연히 거론해서는 안 됩니다. 물론 이것은 이미 모든 해외영업을 하는 사람들이라면 익히 다 알고 있는 상식입니다. 그럼에도 긴장을 늦추고 있으면 거래선의 시험에 꼼짝없이 당할 수도 있으니 주의해야 합니다. 여기서는 이와 관련된 사례 몇 가지를 소개할까 합니다.

사원 시절 거래한, 당시 세계적인 컴퓨터 회사였던 Y사는 미국에 본사와 연구소, 공장이 있고, 영국의 런던 인근에는 연구소, 스코틀랜드에는 공장을 두고 있었습니다. 영국에 출장을 갈 때면 먼저 런던 인근의 연구소에 들러 하루 이틀간 신기종을 협의하고, 이어서 스코틀랜드의 공장을 방문해 우리 제품에 대해 현장에서 요구하는 사항은 무엇인지를 확인하곤 했었습니다. 그런데 스코틀랜드 공장에서 상담을 하고 거래선 사람들과 함께 식사를 할 때면 그들 중 누군가가 꼭 이런 질문을 던졌습니다.

"여기에 오기 전에 런던에 머물 때 사람들이 어떻던가요?"

처음에는 별생각 없이 '우리나라에 대한 인상이 어떤가? 사람들이 친절하게 대해주던가?' 등 외국 거래선이 자국의 사람들에 대한 질문을 했을 때처럼 '사람들이 다 잘해주고 친절했다'고 가벼운 마음으로 답을 하려고 했습니다. 그러던 찰나 '잠깐, 이곳은 스코틀랜드지. 이들이 잉글랜드에 있는 런던에 대해 질문을 하는 것이라면, 좀 더 신중히 대답해야 하지 않을까?' 하는 생각이 들었습니다.

영국에 출장을 가서 영국이라는 나라를 지칭할 때 잉글랜드라고 말했다가는 자칫 상담을 망칠 수 있으니 영국을 지칭할 때는 반드시 'Britain' 혹은 'United Kingdom'이라는 표현을 써야 한다든지, 심지어 영국은 월드컵 대회에도 하나의 팀이 아닌 잉글랜드, 스코틀랜드, 웨일즈, 북아일랜드로 팀을 나눠서 출전할 정도로 예민한 문제라는 사실 등은 익히 알고 있었습니다.

여느 때와 같이 쉽게 답을 해서는 안 된다는 생각에 저는 이렇게 말했습니다.

"런던을 거쳐 오기는 했지만 런던의 일반 시민들을 접해볼 기회는 없었고, 그저 런던 인근에 있는 당신네 회사 연구소의 직원들만 만나고 와서 런던 시민들에 대해서는 잘 모르겠습니다. 아무튼 당신네 회사의 직원들은 친절했습니다."

그러자 스코틀랜드 공장 직원의 얼굴에 엷은 미소가 떠올랐습니다. 저는 그 모습을 보고 '이 사람이 나를 시험해본 건가?' 하며 긴가민가하다 그냥 넘어갔습니다만, 그 이후 그 공장을 갈 때마다 똑같은 질문을 하는 스코틀랜드 공장의 직원들을 보며, 그것이 곧 제가 그들의 편인지 아닌지를 확인하는 '일종의 시험'임을 확신하게 되었습니다.

저는 스코틀랜드의 동서를 가로질러 글래스고(Glasgow)에서 에든버러(Edinburgh)까지 이어지는 도로를 달릴 때마다 산 위에 있는 수많은 산성들을 보면서 잉글랜드와 스코틀랜드 간에 벌어진 전쟁으로 점철된 역사의 한 단면을 느낄 수 있었습니다. 그 뒤 영화 〈브레이브 하트(Braveheart)〉(1995)를 보면서 또다시 스코틀랜드 공장의 직원들이 왜 외국인인 저를 만나기만 하면 잉글랜드인에 대한 생각을 물었는지 이해할 수 있었습니다.

사원 시절, 이탈리아에 출장을 가서 거래선과 해산물 식당에서 식사를 하던 중에 있었던 일입니다. 식사를 거의 마칠 때쯤, 웨이터가 레몬 한 조각을 띄운 맑은 물을 유리 그릇에 담아 저와 거래선 앞에 각각 한 그릇씩 내왔습니다. 당시 한국에서는 대학생이나 회사의 사원이 고급 이탈리아 음식점에 가서 식사를 하는 게 쉽지 않았던 시절인 만큼, 저는 그 물을 보는 순간 '아! 이게 식사 에티켓 책에서 읽었던 핑거보올(finger bowl)이라는 손 닦는 물인가?' 하고 추측만 한 채 머뭇거리고 있었습니다.

'확실하지 않을 때는 기다리자. 남들이 하는 것을 보면 답이 있을 것이다.'

이렇게 생각을 하며 기다렸지만 제 앞의 거래선은 물을 본체만체 저와의 대화에만 집중하는 듯했습니다. 그래서 저도 대화에만 집중하는 자세를 취하며 그가 눈치채지 못하게 슬쩍 거래선의 등 뒤편 테이블에서 식사하고 있는 사람들이 어떻게 하는지를 관찰했습니다. 약간의 시간이 지난 뒤에 보니, 뒤편 테이블 사람들이 그 물에 손가락을 담그고 있었습니다.

그 물의 정체를 알게 된 저는 대화 중 자연스럽게 손가락을 물에 살짝 담갔다가 꺼낸 뒤 냅킨으로 닦아냈습니다. 그런데 그제야 제 앞의 거래선이 싱긋하며 물에 손가락을 담그는 것이었습니다. 그때 저는 그가 아시아에서 온 청년을 시험했음을 느낄 수 있었습니다. 그로부터 몇 년이 흐른 뒤, 저의 옆 부서 후배로부터 싱가포르에 출장을 갔다가 해산물 식당에서 나온 물이 손 닦는 물인지 모르고 벌컥벌컥 마신 후 빈 그릇을 내려놓자 종업원이 또 한 그릇을 가져다주며 빙긋이 웃더라는 이야기를 전해 들었습니다. '나도 유사한 일을 당할 뻔했다'는 생각과 함께 '내가 겪었던 일을 부서 내에 좀 더 적극적으로 전파해서 유사한 상황에서 실수하지 않도록 했으면 좋았을걸.' 하는 아쉬움이 들었습니다.

이번에는 브라질에 주재할 때의 일을 소개하겠습니다. 거래선 중의 한 사람은 상담할 때마다 자국인 브라질을 폄하하는 말을 종종 하곤 했습니다. 브라질의 치안 문제, 부정부패 문제 등을 언급하며 "우리나라는 미래가 없다."라고 하는 것이었습니다. 그는 '한국의 교육열이 대단함을 잘 알고 있다, 브라질은 교육이 문제다, 외환위기 때 한국인들이 금 모으기, 달러 모으기 운동을 하는 것을 보고 감동했다, 아마 그런 위기가 브라질에서 발생한다면 브라질인들은 금과 달러를 더 사재기하고 외국에 있는 은행으로 송금하느라 정신이 없을 것이다'라고 했습니다.

그가 그렇게 말할 때마다 저는 어떻게든 브라질의 장점을 말하려고 애쓰며 이렇게 대꾸했습니다.

"한국의 교육열이 높은 것은 사람 이외에는 갖고 있는 자원이 없기 때문입니다. 브라질은 자원도 풍부하고 땅도 넓고 인구도 많아 자체 시장도 어느 정도 규모가 되니 얼마나 좋습니까? 정말 부럽습니다!"

하루는 그가 우스갯소리를 해주겠다고 했습니다.

"브라질 정부 관리가 아프리카의 어떤 나라 정부의 초청을 받아 방문했는데, 그 나라의 관리가 브라질 관리를 강가로 데리고 가서 다리를 보여주더니 '저 다리가 보입니까? 저 다리 건설비의 20퍼센트가 내 주머니로 들어왔습니다.'라고 자랑하더랍니다.

그다음 해에는 브라질 정부가 그 아프리카 국가의 관리를 브라질로 초청했는데 브라질 관리가 그를 강가로 데려가서 '저기 다리가 보입니까?'라고 묻기에, 아프리카의 관리는 '다리가 어디 있습니까? 내 눈에는 안 보이는데.'라고 대답했답니다.

그러자 브라질 정부 관리가 뭐라고 했는지 아십니까? '하하! 다리를 만들 예산의 100퍼센트는 내 주머니에 들어와 있습니다.'라고 자랑을 했답니다."

이렇게 말하는 그에게 저는 "당신이 브라질 사람이니까 그런 농담을 해도 그냥 넘어가지, 저 같은 외국인이 그런 농담을 했다가는 살아남지 못할 것 같습니다. 이건 외국인이 써먹기에는 너무 위험한 농담인데요."라며 함께 웃으면서 "비록 당신이 그렇게 말한다고 해도 저는 브라질의 관리들이 그렇게까지 부패했다고는 생각하지 않습니다."라고 말해줬습니다.

이렇게 틈만 나면 자신의 나라를 깎아내리는 거래선 앞에서 저는 맞장구를 치지 않고 어떻게든 브라질의 좋은 점을 이야기하거나, 브라질뿐만 아니라 다른 나라에도 문제점이 있음을 강조하려고 애썼습니다.

매번 그런 식의 상담을 마치고 헤어질 때면 저를 끌어안고 등을 두드리며 'Amigo(친구)!'라고 부르는 그를 보면서, 세상의 어느 누구도 외국인의 입을 통해 조국에 대한 험담을 듣고 싶어하지는 않는다는 작은 진리를 느낄 수 있었습니다. 비즈니스 세계에서 거래선의 말에 공감해주는 것도 좋지만, 그중에는 거래선의 시험도 있으니 맞장구도 가려서 칠 줄 알아야 한다는 점 또한 제가 영업 인생에서 배운 한 가지 교훈입니다.

지혜로운
임기응변

그동안 저는 참 많은 면접을 봤습니다. 제가 대학교를 졸업한 1985년에도 취업의 문이 활짝 열려 있었다고는 할 수 없지만, 요즘처럼 '취업전쟁'이라는 표현까지 나올 정도는 아니었다고 생각합니다.

저는 졸업을 앞두고 처음 입사 원서를 제출한 삼성에 입사할 수 있었던 관계로 입사면접은 지금까지 딱 한 번 봤지만, 면접관으로서는 부장 시절부터 임원이 된 이후까지 꽤 많은 면접을 보았습니다. 그중 기억에 남는 몇 가지 사례를 소개할까 합니다.

가장 기억에 남는 것은 제가 삼성 그룹 입사를 위해 봤던 면접입니다. 당시에는 지금처럼 그룹의 각 사별 채용이 아니었기에 일단 그룹 공채로 뽑힌 뒤 한 달 간의 연수원 교육 과정을 거쳐야 했습니다. 4주간의 연수원 교육 과정 중 마지막 일주일 동안은 대구의 제일모직, 거제도의 조선소, 울산의 화학단지, 경상남도 가천의 삼성전관(현 삼성SDI), 전주의 제지공장, 마지막으로 수원의 전자단지 등 국내 각지에 있는 삼성 관계사를 방문하여 현장을 돌아보고 회사의 현황과 비전을 파악할 기회를 가졌습니다. 그리고 다시 용인의 연수원으로 복귀하여 각자 희망하는 1, 2, 3지망 회사를 결정하면 각 사의 인력 수급 계획과 지원자의 전공 등을 고려해 배치될 회사를 최종 결정했습니다. 따라서 입사 면접도 당연히 그룹에서 주관했습니다.

시험은 전공, 인성 등 필기시험에 이어 그룹의 간부들 앞에서 실시하는 면접, 임원들 앞에서 실시하는 면접, 7~8명이 함께 참여해서 벌이는 집단 토론 등의 과정을 거쳤습니다만, 그중 세 명의 응시생이 함께 들어가서 관계사 간부들 앞에서 치른 면접이 가장 기억에 남습니다.

함께 면접에 들어간 세 명의 응시생은 서로 전혀 모르는 사이였습니다. 제 좌측에 앉았던 응시생에게 면접관이 던졌던 질문은 "당신의 고향은 호남 지역인데 만일 삼성에 입사한 뒤 삼성 라이온즈와 해태 타이거즈가 야구 경기를 한다면 어느 팀을 응원하겠습니까?"였습니다. 지금 그런 식의 질문을 했다가는 지역감정을 유발했다고 인터넷상에서 한바탕 소동이 벌어지는 등 큰 사건으로 비화될 수도 있으므로, 절대로 해서는 안 됩니다. 그러나 당시는 아마 프로야구가 시작되고 몇 년 지나지 않은 시절이었기에 그런 질문을 던졌다고 생각됩니다. 아무튼 당시에도 참 위험하고 특이한 질문이라고 느꼈기에 제 기억에서 지워지지 않습니다.

하지만 그에 대한 응시생의 답변이 더 걸작이었습니다.

"저는 지난 27년간 호남에서 살아왔습니다. 만일 제가 삼성에 입사한다고 해도 당연히 저는 해태 타이거즈를 응원할 겁니다. 다만, 제가 삼성에서 27년을 근무한 뒤라면 해태를 응원할지 아니면 삼성을 응원할지 고민하게 될 것 같습니다."

함께 면접장에 앉아 있으면서도 '아! 이 친구 참 멋있다!'라고 속으로 감탄했을 만큼 그 상황에서 던질 수 있는 최고의 답변이라는 생각이 들었습니다.

'이 친구가 바보 같은 질문을 던진 면접관에게 도리어 당당하게 한 방 먹였구나. 이것이야말로 우문현답이다.'

결국 그 친구는 합격했습니다.

저에게 던져진 질문은 입사원서에 적힌 대학교 때 활동했던 동아리 이름이 영어로 되어 있는데 그 영어 이름의 의미가 무엇인지, 무슨 활동을 하는 동아리인지였습니다. 제가 영어 회화 동아리라고 답했더니 "그럼, 영어 회화 실력이 상당하겠군요?"라고 추가 질문이 들어왔습니다. 그때 저는 이렇게 대답했던 기억이 납니다.

"뛰어난 실력은 아니어도 어떤 상황에서든 제가 생각하는 것을 전달할 수는 있습니다. 만일 특정한 단어가 생각나지 않는다면 그 내용을 풀거나 돌려서 표현해서라도 제 생각을 전달할 자신은 있습니다."

지금의 수험생들이라면 이렇게 겸손하게 대답하기보다는 훨씬 더 자신만만하게 답하지 않을까 생각합니다. 아무튼 저에 대한 질문과 답변은 크게 문제가 될 것도 없고 그렇다고 크게 돋보일 것도 없는, 그냥 '무난한' 수준이었다고 생각합니다.

마지막으로 제 우측에 앉았던 응시생에게 던져진 질문은 "당신의 단점은 무엇입니까?"였는데, 그 친구는 이렇게 답했습니다.

"저의 단점은 고집이 너무 세다는 것입니다. 그래서 한 번 뭔가를 결심하면 끝내 그것을 이루어내고 말아야만 직성이 풀립니다."

그때 저는 '이 친구는 단점을 말하라는 질문에 단점을 말한 거야, 아니면 장점을 말한 거야?'라는 생각이 들었습니다. 그와 함께

"재경아! 어젯밤에 개가 돼지 꼬리를 문 상태로 개와 돼지가 함께 동네를 돌아다니는 꿈을 꿨는데 이게 돼지꿈이냐, 개꿈이냐? 돼지 꿈이면 복권 사야 되는데……."라던 친구의 말이 떠올라 면접장에서 입꼬리가 자꾸 올라가는 것을 참느라 애를 먹었습니다. 결국 그 친구는 낙방했습니다.

30년 전 입사 면접장에서 저의 양 옆에 앉았던 두 사람의 답변과 그들의 당락을 떠올릴 때마다 이런 생각을 하곤 합니다.

'그래, 어차피 한 번 살고 가는 인생, 소신껏 사는 거야. 결국 정답이 없는 게 인생이라면 자기 신념대로 살아야 그나마 아쉬움이 없겠지. 이 눈치, 저 눈치 보고 살다 보면 죽도 밥도 안 되고 결국 그렇게 살아온 인생만 억울하지 않을까?'

이번에는 제가 임원이 되어 면접관으로 들어갔을 때의 일을 소개할까 합니다. 그때는 신입사원 채용 방식이 바뀌어 SSAT 시험만 그룹에서 총괄하고 면접 등 나머지 과정은 전부 각 사별로 진행하고 있었습니다.

한 응시자가 면접장에 들어왔는데 입사 원서를 보니 그는 이미 전해에 우리 회사에서 인턴 생활을 했던 경력을 갖고 있었습니다. 인턴 경력이 있다는 것은 일단 일차 검증을 받은 인력임을 뜻하므로 일반 응시생에 비해 훨씬 유리한 입장이라 할 수 있습니다. 그래서 비교적 편안한 마음으로 면접을 시작했는데 그 응시생의 대학교 성적표를 보니 '이런 성적으로 어떻게 인턴으로 뽑혔을까?' 하는 생각이 들 정도로 평균보다도 훨씬 낮은 수준이었습니다. '뭔가 장점이 있으니 인턴으로 선발했겠지.'라는 생각으로 자신의 장점이 무엇인지 물어봤습니다.

"저는 술이 엄청나게 셉니다. 아직까지 취할 정도로 마셔본 적이 없어서 제 주량이 얼마나 되는지는 모르겠습니다만, 소주 대여섯 병쯤 마시는 것은 문제없습니다."

이 답변을 듣고 '독특한 친구군. 대단한 물건이든지, 엄청난 문제아든지 둘 중의 하나겠군. 그런데 이런 걸 사나이답다고 해야 하나, 상황 판단이 안 되는 친구라고 봐야 하나?' 하는 생각이 들었습니다. 역시나 그다음 응시생이 면접장에 들어올 때까지 저를 포함한 대부분의 면접관들 또한 얼른 평가를 마치지 못한 채 망설이고 있었습니다.

그런 상태에서 시작된 그다음 면접에서 응시생의 입사원서를 들여다보던 면접관들은 깜짝 놀랐습니다. 그의 대학 4년간의 성적 때문이었습니다. 거의 모든 과목에서 A+ 학점을 받아 한두 과목에서만 A 학점을 받았을 뿐, B, C 학점은 눈을 씻고 찾아도 전혀 없는,

4년간 거의 만점에 가까운 성적이었습니다. 면접을 하면서 학점이 높은 응시생들을 많이 만나봤지만 그 정도로 높은 경우는 처음이었습니다. '이 친구는 공부만 했나 보군. 교우 관계 등에서 문제가 있을 수도 있겠어.'라는 생각에 기대감보다 내심 큰 우려와 함께 면접을 시작하게 되었습니다.

"학점이 매우 좋은데, 혹시 친구들은 안 만나고 도서관에서만 생활한 것은 아닙니까?"

이렇게 다소 공격적인 질문을 던지자, 이런 답이 돌아왔습니다.

"사실 그렇게밖에 할 수 없었습니다. 제가 어렸을 때 아버지께서 돌아가셔서 어머니 혼자 벌어서 저와 제 동생을 키우셨습니다. 그래서 고등학교에 진학한 이후부터 학업을 지속하기 위해서는 어떻게든지 장학금을 받아야만 했습니다. 학기 중에는 공부를 집중적으로 해서 장학금을 받고, 방학 때는 아르바이트를 해서 제 용돈과 동생의 학비를 대고, 나머지는 어머니의 생활비에 보태드리는 생활을 하다 보니 성적에 신경을 쓸 수밖에 없었습니다."

차분한 목소리로 대답하는 응시생을 보며 저는 '이 친구의 어머니가 어떤 분인지는 몰라도 아들을 참 잘 키우셨구나. 혼자서 애 둘을 키우시느라 고생은 많이 하셨겠지만 그만큼 보람도 느끼셨겠다.'는 생각과 함께 '저 친구는 언젠가 우리 회사뿐만 아니라, 분명히 이 사회에 큰 보탬이 되는 사람이 되겠구나!' 하는 확신이 들었습니다.

이것을 일종의 대비효과라고 해야 할지는 모르겠습니다만, 그 응시생이 나가자 아무튼 면접관 앞에서 주량을 자랑하던 응시생에 대한 결정을 미뤘던 면접관들이 뒤이어 들어온 '반듯한 청년'을 본 뒤 일제히 결정을 내리는 상황이 벌어졌습니다. 저는 이날 면접을 통해, '면접장에서 말을 가려서 하는 기본 소양은 당연히 중요하지만, 앞뒤에 어떤 응시생이 면접에 들어가느냐 하는 것도 당락에 영향을 끼칠 수 있겠구나.' 하는 생각을 했습니다.

선물에도 원칙이 있다

해외영업 현장에서 근무하면서 수없이 많은 종류의 선물을 준비해봤지만 거래선을 위한 선물을 고르는 건 여간 신경 쓰이는 일이 아닙니다.

유럽이나 미국계 회사들의 경우, 대부분 거래처로부터 받을 수 있는 선물의 가격 한도를 정해놓고 그것을 넘는 경우에는 수령을 거부하거나 아예 선물 수수 자체를 금지하고 있습니다. 이렇게 선물에 대한 기준이 국가별로, 회사별로 차이가 있다 보니 특정 업체와의 상담을 준비할 때는 그 회사의 규정을 사전에 확인해서 그에 맞는 수준의 선물을 준비하는 방식으로 대응해야 합니다.

비즈니스 관계에서 뇌물을 주는 것은 절대로 피해야 합니다. 하지만 그렇다고 선물을 주는 게 일반적인 국가의 거래선과 상담을 하는 자리에까지 빈손으로 가서 어색해지거나, 경쟁사보다 불리한 위치에 놓이기를 자초하는 일 역시 피해야 합니다. '특정 인물에게 줬던 선물을 세월이 지난 뒤 다시 주는 일은 피한다'와 같은 비즈니스 선물과 관련된 상식 외에도 제가 중요시하는 사항은 다음과 같습니다.

첫째, 거래처에 주는 선물은 지나치게 가격이 비싼 것은 피하되, 가능하면 기억에 남는 독특한 것으로 준비한다.
둘째, 한번 꺼낸 선물을 전달하지 못하고 다시 집어넣는 민망한 상황에 처할 바에는 아예 꺼내지 않는다.

첫째와 관련해서 기억에 남는 독특한 선물로는 떡, 배 등이 있습니다. 브라질에 주재하던 시절 한국계 회사들의 사무소는 대부분 상파울루에, 제조공장은 보세지역인 마나우스에 위치하고 있었습니다. 상파울루에는 한인 사회가 형성되어 있어서 한국산 식료품 조달이 가능했던 반면, 마나우스는 그렇지 못해 제가 상파울루에서 마나우스로 출장을 갈 때면 준비했던 것이 '떡'이었습니다.

출장을 가기 전날 상파울루의 한인촌에 있는 떡집에 인절미, 절편 등을 예약 주문한 뒤 출장 당일 아침에 떡집에 들렀다가 공항으로 이동해 마나우스에 있는 한국계 업체들에 가져다줬는데, 그때마다 항상 뜨거운 반응을 볼 수 있었습니다.

저는 이때 효과를 느꼈던 떡 선물을 브라질 주재를 마치고 본사로 귀임한 뒤 미국 멕시코 출장을 갔을 때도 사용해봤습니다.

샌디에이고의 한인 떡집에 예약 주문한 뒤 아침에 떡집에 들렀다가 국경을 통과했었는데, 당시 한국계 S사, L사, D사의 텔레비전 공장이 미국과 멕시코의 국경선을 따라 상당히 떨어진 도시에 위치해 있어 하루에 세 곳을 다녀와야 했습니다. 거래선에 들러 트렁크에 한가득 실어 갔던 떡을 전달할 때마다 주재원들은 "우리 회사의 본사에서 출장 오는 사람 중에도 여태껏 떡을 가져다 준 사람은 없었습니다. 덕분에 오늘 전 주재원들이 떡 파티를 하게 생겼습니다."라며 반기곤 했습니다.

또 다른 기억에 남는 선물은 유럽에 주재하던 시절 고객들에게 선물했던 한국산 배입니다. 2004년에 독일에 주재원으로 부임했을 때만 해도 현지의 한국 식품점에서 한국산 배는 볼 수 없었습니다. 그러다 2005년 초겨울 우연히 들른 한국 식품점에서 한국산 배를 본 저는 '표주박처럼 생겨서 단맛은 없는 유럽산 배밖에 모르는 사람들에게 한국산 배는 충분히 선물로 활용 가능하겠다'는 생을 했습니다.

유럽계 업체들은 12월 중순이 되면 거의 연말 휴가에 들어갑니다. 따라서 중요한 거래처들과는 12월 초부터 그들이 휴가에 들어가기 전까지 한 해를 마무리하는 상담을 하고, 상담 후 오찬 또는 만찬을 함께하는 자리를 갖습니다. 그때 크게 효과를 본 선물이 한국산 배였습니다.

주재 지역에서 차량으로 이동할 수 있는 거래선들에게는 큰 문제가 아니었지만, 비행기로 이동해야 하는 거래선을 만날 때는 배의 운반 또한 만만치 않은 일이었습니다. 특히 당시 우리 회사의 주요 고객이었던 한 회사는 미팅과 만찬 참석자가 열 명이었던 관계로 배 운반이 쉽지 않았습니다. 그러나 식사 후에 깜짝 선물을 받아 든 고객들도 고생하면서 운반했을 우리의 정성을 알아주고 크게 고마워했던 기억이 있습니다.

저는 부서원들에게 항상 좋은 선물은 '비싼 선물'이 아니고 '상대를 배려한 선물'임을 강조하곤 했습니다. 우리 직원들이 생각해냈던 선물 중 거래선으로부터 크게 감사 인사를 받았던 선물을 소개해볼까 합니다.

아일랜드에 있는 한국계 거래선에 출장을 가게 된 한 직원이 아일랜드에 한인 사회가 없는 점을 감안해 런던 한인촌의 중국집에서 면과 자장을 별도 포장하는 방식으로 자장면을 구입해서 거래선을 방문한 적이 있습니다. 그 선물 덕에 아일랜드 거래선의 전 주재원들이 자장면 파티를 하며 고국을 떠올렸다고 합니다. 부인이 암으로 투병 중인 해외 거래선 엔지니어에게, 만날 때마다 홍삼의 항암 효능에 대한 설명과 함께 한국산 홍삼 엑기스를 선물해서 거래선을 감동시킨 직원도 있었습니다. 또, 1년간 출산 휴가에 들어간 거래선 여직원의 출산 날짜를 지속적으로 확인해 아이의 성별을 확인한 뒤 그에 맞는 유아용 옷을 보내줌으로써 1년 뒤 휴가에서 돌아온 그녀로부터 "내가 평생 받아본 선물 중 가장 기억에 남는 것이었다."라는 말을 들었던 주재원도 있었습니다.

둘째, '한번 꺼낸 선물을 전달하지 못하고 다시 집어넣는 민망한 상황은 피한다'라는 원칙과 관련해서도 잊히지 않는 기억이 있습니다.

사원 시절, 임원을 모시고 미국에 출장을 갔을 때의 일입니다. 당시 방문했던 회사는 '공급자로부터 받는 선물은 미화 10달러를 넘어서는 안 된다'는 규정을 갖고 있었고, 그런 내용을 저희도 알고 있었기에 88올림픽 기념 열쇠고리를 선물로 준비해 갔습니다.

미팅 종료 직전, "간단한 한국의 기념품을 가져왔습니다."라며 선물을 테이블 위에 올렸습니다. 그런데 거래선의 좌장이 "미안합니다. 저희 회사 규정상 선물을 받을 수 없으니 도로 가져가주십시오."라고 하는 것이었습니다. 순간, 그런 상황을 처음 접해본 저는 물론, 베테랑 세일즈맨인 저희 임원의 얼굴에도 당혹감이 번졌습니다. 하긴 자기네 회사의 회의 참석자 중 가장 직급이 높은 사람이 그렇게 말하는 것을 들은 거래선의 다른 참석자들도 당황해하기는 마찬가지였습니다.

몇 초간 어색한 정적이 상담실을 가득 메우고 있는 순간, 마침 상담 말미에 잠깐 나갔던 거래선의 여사원이 상담실로 돌아왔습니다. 그날 상담에 참석했던 7~8명의 거래선 인사 중 가장 막내이자 유일한 여성이었던 그녀가 들어오자, 저는 뭔가 돌파구를 찾을 수도 있겠다는 생각이 들었습니다.

들어오면서 상담실 내에 흐르는 어색한 침묵의 분위기에 의아해하는 그녀에게 제가 웃음을 머금은 얼굴로 이렇게 말했습니다.

"Hi, Jane! 당신이 잠시 자리를 비운 동안 나는 당신이 얼마나 영향력 있는 인물인지 알게 되었습니다."

무슨 말이냐고 웃으며 반문하는 그녀에게 저는 이렇게 대꾸했습니다.

"여기 계신 신사분들께서 당신이 허락하기 전에는 아무리 작은 선물도 받을 수 없다, 비록 그것이 회사의 규정 내에 들어오는 저렴한 가격일지라도 당신의 허락을 꼭 받아야만 한다며 이렇게 당신이 돌아오기만 기다리고 있었습니다."

이런 말과 함께, 저는 중세 서양의 기사처럼 오른손에 모자를 벗어 드는 듯한 동작으로 한쪽 무릎을 살짝 구부려서 그녀에게 인사를 하는 자세를 취했습니다. 그리고 이렇게 말했습니다.

"Dear Jane! 부디 여기 계신 신사분들이 한국의 올림픽을 기념하는 작은 기념품인 열쇠고리를 받아도 된다고 허락해주시겠습니까?"

사실 제가 던진 마지막 말에는 '지금 테이블 위에 놓인 포장된 상자 속 선물은 당신네 회사의 규정에 위반되지 않을 만큼 저렴한 것으로 뇌물과는 거리가 먼 기념품이니, 지금 당신이 내 요청을 수락한다고 해도 문제될 것이 없음'을 넌지시 알려주려는 의도가 담겨 있었습니다. 자신의 직장 상사들이 수령하기를 거절하고 있는 선물이 어떤 것인지, 가격이 얼마인지 알 수 없는 상태에서는 그녀로서도 선뜻 긍정적인 답을 할 수 없으리라 생각했기 때문입니다.

그녀는 웃으며 "신사 여러분, 한국에서 온 이 기념품을 여러분이 받는 것을 허락합니다."라고 말해줬고 그 자리에 있던 거래선의 참석자들도 모두 크게 웃으며 그제야 각자 선물을 하나씩 집어 들었습니다. 그렇게 처음에 선물을 거절했던 거래선의 좌장도 다시 거절할 수 없는 입장이 되었습니다.

   오래전의 일입니다만, 그 이후 저는 '선물을 아예 준비하지 않는 것보다 더 어색하고 당혹스러운 것은 일단 테이블 위에 올려놓은 선물을 거래선이 거절하는 바람에 다시 들고 나와야 하는 상황'이라고 결론을 내렸습니다. **거절당한 선물은 마치 반송되어온 연애편지만큼이나 큰 상처를 남깁니다.** 반송되어온 연애편지는 그나마 '나는 그만큼 사랑했었다'는 추억으로라도 남을 수 있지만, 면전에서 거절당한 선물은 서로 간에 어색함만 쌓이게 하고 그 뒤에 다시 만나는 것조차 꺼려지게 만드니 영업을 하는 사람들로서는 절대로 피해야 하는 일이라고 생각합니다.

스토리로
말하는 법

상담에는 프레젠테이션 자료를 비롯한 각종 보조도구와 샘플이 동원되기도 하지만 대부분 '말'로 이루어지기 마련입니다. 이때 그냥 단순히 전하려는 내용을 그대로 말하기보다 그 내용에 '스토리'를 입히면 훨씬 더 큰 호응을 얻을 뿐 아니라 상대방이 오랫동안 기억하는 경우가 많았습니다. 관련된 사례들을 몇 가지 소개해볼까 합니다.

첫 번째 사례는 한국산 '배'에 관한 것입니다. 저는 과일을 선물할 때 거기에 스토리가 덧붙여지면 선물을 받은 사람이 집에 가서 가족들과 함께 먹을 때 기쁨이 배가 될 거라고 생각했습니다. 그래서 거래선에 배를 선물할 때마다 한국의 배와 관련된 역사 이야기를 꼭 덧붙이곤 했습니다.

1992년 한국이 중국과 국교를 수립하면서 불가피하게 타이완과 단교를 하게 되었을 때, 한국의 단교 통보에 분노한 타이완 정부가 모든 한국 상품의 수입을 금지시키는 조치를 취했습니다. 그러나 당시 유일하게 예외를 인정했던 상품이 바로 한국산 배였습니다.

그만큼 한국산 배의 맛이 뛰어나다는 점을 알리면서 배를 한 상자씩 선물로 주면 선물을 받는 고객들의 표정이 기대에 한껏 부풀어 오르는 것을 볼 수 있었습니다. 그리고 그다음 날이면 전화나 이메일로 '정말 고맙다. 당신이 준 배를 우리 가족 모두가 즐겼다. 당신이 설명한 것처럼 왜 타이완 정부가 한국산 배의 수입만은 예외로 인정했는지 이해할 수 있을 것 같다.'고 말해주는 사람들을 볼 때마다 선물의 가격보다 그에 담긴 스토리가 중요함을 느끼곤 했습니다.

두 번째 사례는 '비빔밥'에 관한 것입니다. 외국 거래선들을 대상으로 국내에서 거래선 초청행사를 하는 경우 점심식사로 비빔밥을 내놓는 경우가 많았습니다. 그럴 때 이런 설명을 꼭 덧붙이곤 했습니다.

"10여 년 전 마이클 잭슨이 한국을 방문했을 때의 일입니다. 그가 한국에 오는 길에 한국 국적의 비행기를 이용했는데 그때 기내식으로 나온 비빔밥을 처음 먹어보고 그 맛에 반해서 호텔 신라에 체류하는 동안 매일 하루 세끼를 비빔밥만 먹고 갔답니다. 그 일이 있은 후, 호텔 신라에는 한동안 '마이클 잭슨 비빔밥'이라는 메뉴가 있었을 만큼 이슈가 되었습니다. 그리고 전 세계의 수많은 요리 중에서 음식의 재료를 각각 분리해 정성껏 준비한 뒤, 정작 먹기 전에는 마구 뒤섞어버리는 음식은 비빔밥이 유일하다고 합니다."

행사가 끝난 뒤 몇 년이 지나 다시 만났을 때도 비빔밥을 기억하는 거래선을 종종 보며 다시금 스토리의 힘을 느낄 수 있었습니다.

세 번째 사례는 거래선에게 우리가 그들이 찾는 파트너임을 입증할 때 쓰는 방법입니다. 상담 중 거래선이 "우리는 단기간 거래하고 마는 관계보다 오랫동안 함께할 공급자를 찾고 있습니다."라고 했을 때, 단순히 "저희가 원하는 거래 관계도 바로 그런 것입니다."라고 답하기보다는 저는 이렇게 말하곤 했습니다.

"좋은 말씀입니다. 그렇다면 우리 회사가 바로 그런 회사라는 점을 자신 있게 말씀드릴 수 있습니다.

몇 년 전 북미의 한 휴대전화 회사가 빠른 속도로 성장해서 세계적인 수준으로 커가던 시절에 그 회사는 어떤 특정 부품을 우리의 경쟁사로부터 거의 전량을 구입하면서 우리 회사로부터는 그 회사 소요량의 약 10퍼센트만 구입하고 있었습니다. 우리 회사가 좀 더 공급량을 늘리려고 해도 그 회사에서는 항상 '지금 구입하고 있는 주 공급업체의 서비스에 아무런 문제가 없어 당신네 회사로부터는 혹시 물량 부족사태가 발생할 때를 대비한 보험 차원에서 10퍼센트 정도만 구입하고자 한다'고 하며 일관된 입장을 밝혔습니다.

그러다 2~3년 전, 그 업체가 히트작을 내놓지 못하면서 휴대전화 업계에서 시장점유율(Market Share)이 떨어지고 경영이 어려워지는 상황에 처하게 되었습니다. 그때 저는 미국 판매법인에게 '시장에서 업체가 경영이 어렵다는 소문이 난 상태이니 그 거래선에 대한 경쟁사의 서비스가 예전과 같지 않을 것이다, 이럴 때일수록 우리 주재원들이 좀 더 자주 방문해서 그들의 어려움을 들어주고 우리가 무엇을 도와줄 수 있을지 확인하라'고 지시했습니다.

그 후, 예상대로 경쟁사는 '그 거래선의 상황이 어렵다는 말이 나오자 발길을 뚝 끊었는데 우리 회사는 더 자주 방문하는 것을 보고 누가 진정한 우리의 친구인지 알게 되었다'며 주 공급선을 우리 회사로 변경한 것은 물론, 우리 회사가 생산하는 다른 제품들까지 구매했던 사례가 있습니다. 그러니 함께 오래갈 장기적인 파트너를 찾으신다면, 저희와 거래하십시오. 후회하지 않으실 겁니다."

　이러면 더 이상 이견을 제기하지 않고 모든 거래선들이 만족해하는 것을 볼 수 있었습니다. '영업'이 결국 물건을 팔기 전에 나를 파는 것이고 그를 통해 거래선의 마음을 사는 것이라면, '스토리'로 승부하는 게 중요하다고 생각합니다.

자연스러운
프레젠테이션

프레젠테이션 능력은 영업이나 마케팅은 물론, 기획, 구매, 인사, 관리, 연구개발 등 회사 내의 전 분야에서 그 중요성이 커지고 있습니다. 직급이 올라갈수록 중요한 자리에 나설 기회가 많아지므로 프레젠테이션 능력은 신입사원부터 회사의 최고 경영진에 이르기까지, 모두에게 중요한 소양이라고 할 수 있습니다.

프레젠테이션 자료를 잘 준비하고 그것을 제대로 표현하는 것이 상담의 가장 핵심적인 요소라는 생각에 저는 신입사원이 배치되어 오면 먼저 고참 사원 한 명을 전담 선배(tutor)로 지정한 뒤, 3개월

간의 OJT 프로그램으로 기본적인 업무 교육을 시키고, 마지막에는 프레젠테이션을 실시하도록 했습니다.

프레젠테이션 주제는 OJT 기간 중 자유롭게 결정하되 신입사원이 자료를 직접 작성해서 선배 부사원들 앞에서 실시하고, 그것이 끝나면 선배들은 전원이 돌아가면서 프레젠테이션의 잘된 점과 미흡한 점을 평가하도록 했습니다. 그 이후부터 신입사원을 정식으로 한 사람의 영업사원으로 인정하고 업무를 부여함으로써, 프레젠테이션이 얼마나 중요한지 확실히 인식하게 했습니다.

미국의 영업부서를 담당했던 과장·부장 시절에는 영어로 프레젠테이션을 하도록 했고, 임원이 되어 전 세계 시장을 맡게 되었을 때는 신입사원이 배정된 부서별로 그들이 사용할 언어(한국어, 영어, 중국어, 일본어)로 프레젠테이션을 하고, 선배들도 해당 언어로 강평을 함으로써 실전 분위기를 익히도록 했습니다.

프레젠테이션 기법에 관한 책은 이미 시중에 많습니다만, 지난 30년간 사내에서 각종 회의와 강의를 위해 연단에 섰던 경험과 전 세계 거래선들과의 상담을 위해 프레젠테이션 자료를 준비하고 발표했던 경험을 토대로 프레젠테이션 잘하는 방법에 대한 제 생각을 정리해보고자 합니다.

먼저 자료 작성 방법입니다. 자료가 전략발표용인지 거래선과의 상담용인지, 교육용인지 등 그 용도에 따라 구성은 당연히 달라지겠지만, 가장 중요한 것은 '스토리의 기승전결을 갖춰야 한다'는 점입니다.

실제로 현장에서 보면 자신이 프레젠테이션을 하는 목적이 무엇인지를 잊은 듯한 경우가 많이 있습니다. 시작은 거창하고 그럴듯한데 용두사미로 끝나거나, 중간에 스토리가 옆길로 새서 길을 잃고 헤매다가 엉뚱한 결론으로 마무리짓는 경우를 흔히 봅니다.

이런 사태를 피하려면 프레젠테이션 자료를 만들 때 먼저 전체적인 스토리 라인을 잡고 그것을 뼈대로 삼아 거기에 살을 붙여나가야 합니다. 그렇게 하지 않으면 손에 잡힌 몇 장의 멋진 그래프와 자료에 현혹되어 살과 뼈대가 뒤바뀐 주객전도형 자료를 만들 가능성이 높습니다. 만일 자료가 기승전결의 골격을 제대로 갖추지 못했다면 그 프레젠테이션의 성공 가능성은 거의 없다고 봐도 무방합니다.

자료를 작성하는 데 있어 또 한 가지 주의할 점은 전달하고자 하는 내용을 100퍼센트 발표 자료에 담으려고 애쓸 필요는 없다는 것입니다. 발표 자료에 빼곡히 각종 수치를 깨알같이 명기하려고 애쓰는 사람들의 공통점은 숫자를 많이 쓸수록 자신의 프레젠테이션에 대한 청중들의 관심이 높아질 거라고 믿는다는 점입니다.

학회에서 논문을 발표하는 자리라면 모르겠으나 비즈니스 세계의 프레젠테이션 자리에서 화면 가득 빼곡히 들어찬 숫자에 감동받는 청중을 본 적은 단 한 번도 없습니다. 도리어 큼직큼직한 그래프나 사진 등을 넣고 글자 수는 최소한으로 하여 전하고자 하는 핵심 키워드만 적어놓는 것이 청중들을 집중하게 만든다고 생각합니다. 마치 동양화에서 보여주는 '여백의 미학'과 같다고나 할까요? 이런 프레젠테이션의 전형을 보여준 사례가 고(故) 스티브 잡스라 생각합니다.

자료의 하단에는 작은 글씨로 '이 자료는 ○○ 회사의 지적 재산임' 또는 '본 자료의 무단 사용을 금함'이라고 명기하는 게 좋습니다. 추후에 발표 자료 중 일부를 무단 복제해서 사용하는 경우에 권리를 주장할 수 있으므로 사외에서 사용하는 프레젠테이션 자료에는 반드시 명기해야 합니다. 그리고 프레젠테이션 자료의 우측 하단에 자료의 페이지를 명기하되 1, 2, 3으로 적는 것보다는 1/30, 2/30, 3/30과 같이 전체 자료 중 몇 번째 장에 해당하는지를 표시해놓으면 청중들도 발표가 전체 중 어느 단계를 지나고 있는지를 알 수 있어 프레젠테이션이 진행되는 내내 관심도를 유지하게 만들 수 있습니다.

자료가 제대로 만들어졌다면 이제 프레젠테이션을 하는 방법에 대해 정리해보겠습니다. 먼저, 발표자인 당신이 아무리 빠른 속도로 화면에 비친 자료를 읽는다 해도 청중의 눈보다 더 빠를 수는 없다는 점을 기억해야 합니다.

많은 발표자들이 화면이 바뀔 때마다 화면에 떠 있는 내용을 처음부터 끝까지 다 읽으려고 합니다. 그런 사람들의 문제는 '화면에 비춰진 내용을 읽는 것이 실수를 피하는 가장 안전한 방법이자 메시지를 잘 전달할 수 있는 길'이라고 생각한다는 점입니다. 하지만 아무리 빠르게 읽어도 화면의 중간을 읽기도 전에 청중들은 이미 맨 아랫줄을 읽고 나서 여전히 화면을 읽고 있는 발표자를 애처롭게 바라보고 있다는 사실을 알아야 합니다.

프레젠테이션에 있어서 가장 중요한 것을 또 한 가지 꼽으라면 저는 '청중들과의 호흡을 맞추는 일'이라고 말하고 싶습니다. 달리 말하면, 발표 도중 준비된 자료의 '과감한 건너뛰기와 부연설명'이라고 할 수 있는데, 이를 위해서는 청중들과의 '끊임없는 눈맞춤(eye contact)'이 중요합니다.

발표자의 시선은 자신이 말하는 부분을 짚으며 잠시 화면을 볼 때 외에는 항상 청중을 향해 있어야 합니다. 그래야만 내가 지금 발표하는 부분에 대한 청중의 관심과 이해도를 파악할 수 있기 때문입니다. 또한, 중요한 부분에서는 목소리의 톤을 바꿔서 청중의 관심을 끌어들인 뒤, 화면에 있는 내용에 덧붙여 좀 더 상세한 부연설명을 해줄 필요가 있습니다. 이런 식으로 프레젠테이션의 완급 조절을 할 수 있어야 합니다.

발표자가 절대로 피해야 할 것은 똑같은 속도와 목소리로 자료를 읽는 소위 '모범생' 스타일의 발표입니다. 그런 프레젠테이션은 마치 자기는 끊임없이 자장가를 불러대면서 청중에게는 발표를 집중해서 들어달라고 요구하는 것과도 같습니다.

특히 점심시간 직후에 참석한 오후 회의에서 그런 모범생 발표자로 인해 졸음을 이겨내려고 허벅지를 꼬집을 때마다 제가 다짐했던 것은 '프레젠테이션을 할 때는 모범생보다는 차라리 비행학생 모드가 되자'는 것이었습니다. 비행학생 모드가 되기 위해 제가 주로 활용하는 방법은 프레젠테이션 도중 화면에는 없는 내용을 이야기해 청중들이 딴생각을 할 여유를 주지 않는 것입니다.

또한, 너무나 당연한 말처럼 들리겠지만 현재 비춰지고 있는 화면의 다음 장 내용을 숙지하는 것도 중요합니다. 실제로 연단에 선 열 명 중 아홉 명은 한 장을 발표하고 다음 장으로 넘어갈 때마다 매번 잠시 말을 멈추고 화면을 응시하다가 다음 장이 화면에 뜨면 다시 그 안의 내용을 읽기 시작합니다. 이렇게 하면 프레젠테이션이 중간중간 툭툭 끊어져서 청중이 스토리에 집중하지 못합니다.

저는 한 장의 발표를 마치고 다음 장으로 넘어갈 때는 화면이 아닌 청중들과 눈을 맞춥니다. 그렇게 자연스럽게 다음 장의 첫 구절로 이야기를 옮겨감으로써 제가 전달하고자 하는 스토리에 좀 더 몰입하게 했습니다.

이런 방법이 중요한 또 다른 이유는 프레젠테이션이 시작되고 몇 장이 넘어갈 때면 이미 청중들은 발표자가 그 자료를 직접 만든 것인지, 아니면 남이 만들어준 자료를 읽고 있는 것인지를 알 수 있다는 사실입니다. 즉, 매번 화면이 바뀔 때마다 말을 끊고 화면을 본 뒤 다시 말을 시작하는 것은 '이 자료는 실은 제가 만든 것이 아니라 내용을 완전히 숙지하지 못하고 있습니다.'라고 말하는 것과 같이 청중들의 관심을 급격히 떨어뜨립니다.

춤과 관련해서 한때 'slow-slow-quick-quick(느리게-느리게-빠르게-빠르게)'이라는 말이 유행한 적이 있습니다. 저는 이것이야말로 프레젠테이션에 꼭 필요한 말이라고 생각합니다. 중요한 대목에서는 화면에 없는 내용까지 부연설명을 해가면서 천천히 가다가(slow), 청중의 관심이 조금 떨어지는 부분은 과감하게 건너뛰면서 빠른 속도로 나아가는(quick) 등, 이렇게 청중들과 호흡을 맞출 줄만 안다면 성공적인 프레젠테이션은 이미 어느 정도 보장된다고 생각합니다.

   프레젠테이션 훈련을 위해서 자신의 프레젠테이션을 녹음해서 들어보는 것도 좋습니다. 자신도 모르고 있던 습관을 파악할 수 있기 때문입니다. 모든 사람은 개인별로 차이가 있지만, 말을 할 때 일종의 습관을 갖고 있습니다. 말끝마다 특정 말을 붙이는 사람들이 많은데, 가장 흔한 것이 '아', '어', '음', '저', '그' 등입니다. 문제는 청중들의 귀에는 그것이 매우 거슬리는데 정작 말하는 사람은 자신에게 그런 습관이 있다는 사실조차 모른다는 점입니다. 따라서 자신의 프레젠테이션을 녹음해 들어보면 불필요한 습관을 교정하는 데 많은 도움이 됩니다.

   저는 오래전에 저의 프레젠테이션을 녹화해서 틀어본 뒤, 말투뿐만 아니라 발표 도중 저의 머리 움직임과 제스처 등이 부자연스럽다는 점을 발견하고 고쳤던 적이 있습니다. 실제로 녹음을 해서 들어봄으로써 얻을 수 있는 또 다른 이점은 발표에 소요되는 시간을 가늠해볼 수 있다는 것입니다. 예를 들어, 자신에게 주어진 발표시간이 30분인 경우, 자료를 눈으로만 읽는 식으로 30분에 맞춰 연습을 하다 보면 실제로 프레젠테이션을 할 때는 1.5배 이상의 시간이 소요되어 낭패를 보는 경우가 많이 있습니다. 따라서 실제로 발표하는 것과 똑같이 목소리를 내서 읽고 이를 녹음하며 연습해야 효과를 볼 수 있습니다.

  요즘은 대부분 레이저 포인터를 사용해서 자신이 말하는 부분을 비춰가면서 진행합니다만, 이때 주의해야 할 점이 있습니다. 레이저 포인터를 잘못 사용하면 청중을 몹시 피곤하고 불안하게 만들 수 있습니다.

  포인터의 빛으로 자신이 설명하려는 곳 위를 빙글빙글 돌리면서 비추는 것은 말할 필요도 없고, 포인터로 화면을 지속적으로 비추는 행동도 피해야 합니다. 한곳을 오랫동안 가리키다 보면 자연히 포인팅하는 점이 조금씩 흔들리게 되는데, 이는 청중에게 발표자가 떨고 있다는 느낌을 주고, 심한 경우에는 듣고 있는 사람들을 불안하게 만듭니다. 따라서 만일 포인터를 사용해야 한다면 자신이 말하고자 하는 부분을 잠시 비춘 뒤 끄고, 다시 청중을 바라보면서 이야기하는 게 좋습니다.

  저는 한 외국 거래선에게서 눈에 대한 안전 문제 때문에 레이저 포인터를 사용하지 않는다는 말을 들은 뒤부터는 가능하면 프레젠테이션을 할 때 레이저 포인터를 사용하지 않습니다. 그 대신 '화면의 좌상단에 보시는 바와 같이', '우하단 그래프에 정리된 바와 같이' 등의 표현으로 청중에게 제가 어느 부분을 이야기하는지 전달하곤 했습니다. 그리고 스토리 전개상 짚고 넘어가야겠다고 생각하는 부분에 대해서는 본문과 다른 색깔의 글자를 사용함으로써 청중들도 쉽게 스토리 라인을 따라갈 수 있도록 했습니다.

프레젠테이션을 하기 전에 먼저 화면이 비춰질 곳과 연단, 청중들이 앉을 자리 등의 공간 배치를 살펴보는 일도 중요합니다. 만일 발표자가 오른손잡이라면 가능한 한 청중들의 위치에서 볼 때 화면의 우측에 서는 게 좋습니다. 그러면 자연스럽게 포인터를 든 손, 또는 포인터를 안 쓰더라도 화면을 가리키는 오른손이 화면 쪽으로 향해 있어 발표자의 몸 전면이 45도 이상 청중들을 향하게 됩니다. 하지만 만일 반대쪽에 서는 경우는 손이 화면을 가리킬 때마다 발표자가 청중을 등지는 바람직하지 않은 자세가 연출됩니다.

이미 말한 바와 같이 발표자는 가능하면 청중을 향해 서 있어야 하는데, 이는 바꿔 말하면 발표자의 등을 청중에게 보이지 말라는 뜻입니다. 간혹, 발표장의 구조상 화면의 우측에 설 수 없는 경우가 있습니다만, 이럴 경우에는 특히 더 신경을 써야 합니다.

또 하나, 성공적인 프레젠테이션을 위해서는 연단에 올라가기 전에 최상의 컨디션을 유지해야만 합니다. 중요한 발표를 앞둔 사람이 그 전날 과음을 해서 발표 도중 입에 침이 말라 중간중간 물을 마셔가며 고생스럽게 발표하는 모습을 볼 때면 한편으로는 안타깝기도 하지만, 한편으로는 프로답지 못하다는 생각이 듭니다.

마치 전장에 나서는 군인이 전투 장비를 갖추듯, 프레젠테이션에 임할 때는 구두, 와이셔츠, 넥타이, 양복, 벨트 등 모든 면에서 편안한 느낌을 주는 복장을 갖추고 연단에 오르는 것도 성공적인 프레젠테이션에 이르는 방법 중 하나라고 생각합니다.

마지막으로 강조하고 싶은 것은(물론 전략회의에서 발표하는 것이라면 관련이 적을 수도 있겠으나) 너무 경직된 모습보다는 분위기에 맞는 적절한 유머를 구사하는 게 프레젠테이션의 성공률을 높인다는 사실입니다.

몇 년 전 영어권 거래선들을 초청해서 부산의 해운대에 있는 호텔에서 3박 4일간 진행했던 행사의 마지막 날, 저녁에 제가 사업부장으로서 한 시간짜리 프레젠테이션을 하러 무대에 오른 적이 있습니다. 마침 그날 오후 해운대 해수욕장 상공에서 있었던 공군의 블랙이글팀 에어쇼 훈련 광경을 보며 거래선들이 열광했던 것을 떠올리며 저는 이렇게 프레젠테이션의 서두를 열었습니다.

"3개월 전, 우리 사업부의 본행사 준비 위원들이 행사 비용을 얼마까지 사용해도 되느냐고 묻기에 고객들을 위한 행사이니 비용은 걱정하지 말고 멋진 행사를 준비하라고 무심결에 지시했습니다. 그런데 오늘 여러분을 위해 공군을 동원해서 에어쇼까지 준비한 것을 보니 이들이 도대체 비용을 얼마를 쓴 건지, 다음 주 월요일 아침에 제 책상 위에 올라올 영수증이 벌써부터 걱정됩니다. 혹시 여러분이 회사로 복귀하신 뒤, 다음 주부터 저희 직원들이 귀사를 방문해서 가격 인상을 요청하거나 여러분의 가격 인하 요구에 소극적으로 대응하면 이 행사 비용 때문인 것으로 알고 이해해주시기 바랍니다."

이렇게 고객들의 폭소를 터뜨리며 시작하여 훨씬 좋은 분위기에서 프레젠테이션을 진행할 수 있었습니다. 이처럼 프레젠테이션을 할 때는 항상 '나에게 주어진 이 시간은 내가 이 자리의 주인이다.'라는 생각으로 자신 있게 임할 필요가 있습니다.

상황에 따라 모두 다를 수밖에 없는 프레젠테이션에서 불변의 모범 답안이라는 건 있을 수 없으며, 결국엔 주어진 상황과 발표자의 개인 성향에 맞는 방식을 찾아서 발전시키는 것이 중요합니다. 어쨌든 국내외를 막론하고 비즈니스에서 프레젠테이션 능력이 점점 더 중시되는 시대입니다. 여러분 모두 나름대로의 역량을 배양함으로써 프레젠테이션이 '두려운 일이 아닌 즐거운 일', '피하고 싶은 일이 아닌 기다려지는 일'이 되기를 기대합니다.

준비된
순발력

독일에 주재하고 있을 때의 일입니다. 지금도 마찬가지입니다만, 당시에도 삼성 그룹 여러 회사들의 유럽 본부는 프랑크푸르트 공항에서 차로 약 20분 정도 떨어져 있는 슈발바흐(Schwalbach)라는 작은 도시에 위치해 있었는데, 이 도시를 포함해서 인근에 있는 12개의 군소 도시가 속해 있는 곳이 MTK(Main-Taunus-Kreis)라는 군(郡)입니다. 그런데 이 MTK 군수가 주최자(host)로서 지역사회의 주민들을 위해 여는 골프대회가 매년 7월에 개최됩니다. 그 지역에서는 삼성 사옥이 주변의 랜드 마크였을 정도로 지역사회의 큰 기업이었기에 당시에는 매년 삼성이 메인 스폰서로서 상품을 후원하곤 했습니다.

많은 것을 지원하지는 않아도 행사의 메인 스폰서이다 보니 삼성 각 사의 법인장들은 행사에 참석을 해야 했습니다만, 출장이 잦은 관계로 매년 행사에 참석할 수 있는 사람은 두세 명에 그쳤습니다. 저도 부임하고 처음 2년간은 대회가 열리는 시점에 출장이 겹쳐서 참석할 수 없었습니다. 그러나 3년 차가 되던 해에는 공교롭게도 다른 회사의 법인장들이 전부 출장을 가는 바람에 프랑크푸르트에서 자리를 지키고 있는 법인장은 저 혼자밖에 없었습니다. 저는 유럽총괄 본부로부터 삼성의 대표로 참석해서 군수, 시장들과 함께 운동을 하고 행사의 말미에 상품을 수여하는 역할을 맡아달라는 연락을 받게 되었습니다.

이전에 그 행사에 참석해본 경험이 없었던 저는 '혹시 인사말을 시키거나 하는 것은 아닌가?' 하고 확인해봤는데, "절대 그런 일은 없고 그냥 편안하게 참석해서 하루 동안 운동하고, 식사하고, 시상만 하면 되니 걱정하지 말라."는 유럽총괄 본부의 답이 왔기에 저는 안심하고 행사에 참석했습니다.

군수, 은행장, 신문사 편집국장 등과 함께 맨 마지막 조가 되어 골프를 치던 중 "한국의 골프장 회원권 가격은 얼마 정도 합니까?" 라는 신문사 편집국장의 질문을 받았습니다. 당시 남부CC의 회원권이 약 20억 원 하던 시점이었으므로 비싼 것은 미화로 약 2백만 달러 하는 것도 있다고 했습니다. 그러자 그가 깜짝 놀란 표정으로 "아니요. 제가 물어본 것은 골프장을 하나 통째로 사는 것이 아니라, 회원권 한 장 가격이었습니다."라고 하는 것이었습니다. 그래서 "당신의 질문을 제가 이해하지 못한 건 아니고, 실제로 한국의 골프장 회원권 중에는 그렇게 비싼 것이 있습니다."라고 했더니, 그가 "그 값이면 독일의 군소도시에서는 골프장 하나를 통째로 살 수도 있겠습니다."라고 해서 함께 웃었습니다.

운동이 끝난 뒤 시상식을 겸한 디너 파티(Dinner Party)가 시작되기 직전, 저와 함께 주빈석에 앉아 있던 군수가 "행사가 시작되면 제가 먼저 인사말과 몇 가지 진행을 한 뒤, 잠시 후에 메인 스폰서 대표를 소개할 테니 나와서 한 말씀 하십시오."라고 제게 살짝 귀띔해줬습니다.

식순을 보니 제게 마이크가 올 때까지 남은 시간은 대략 10분이었는데, 행사장은 이미 운동을 끝내고 집에 가서 파티복으로 갈아입고 부부 동반으로 참석한 150여 명으로 빈자리가 보이지 않을 만큼 꽉 찬 상태였습니다.

이제 와서 인사말은 준비하지 않아도 된다고 확언하고 그 자리에는 참석하지 않은 유럽총괄 본부의 주재원을 원망해 봐야 이미 엎질러진 물. '피할 수 없는 일이라면 즐기자'는 평소의 신념대로 그 순간에 제가 해야 할 일들을 얼른 생각해봤습니다.

이런 자리에서 마이크를 잡고 실수라도 했다가는 스폰서라고 해도 돈은 돈대로 쓰고 행사 분위기까지 망치는 바보가 될 수도 있겠다는 생각에 가장 먼저 챙긴 것은 그 자리에 참석한 주빈들과 행사가 치러진 골프장 총지배인의 이름이었습니다. 저는 그 이름을 급히 다 메모했는데, 자리를 빛내준 내빈과 행사가 성대하고 원만하게 치러질 수 있도록 수고해준 분들에 대한 인사를 맨 앞에 거론해야 한다고 생각했기 때문입니다.

그다음에는 '인사말로 무엇을 말할 것인가'를 결정해야 했습니다. 물론 행사 참석자 중에는 경제계에 종사하는 인물들도 있지만, 정치·언론계에 종사하는 인물들은 물론, 전업주부까지, 그야말로 다양한 직업을 가진 사람들이 참석해 있었습니다. 그런 상황에서 '작금의 세계 경제는……' 운운하며 분위기를 가라앉혀서도 안 되고, 지루할 정도로 길지 않으면서도 파티 분위기에 맞춰 사람들을 웃게 만들 수 있어야 했습니다. 그리고 기왕이면 골프 행사장이니 골프와 관련된 이야기를 하는 것이 좋겠다고 생각했습니다.

입가에는 미소를 머금고 주변에 앉은 사람들과 가볍게 와인을 나누면서 앉아 있었지만, 머릿속으로는 짧은 시간 내에 연설할 내용과 전체 인사말의 구성을 생각해내느라 머리에 쥐가 날 지경이었습니다.

마침내 군수가 메인 스폰서 회사의 대표를 소개한다며 제 이름을 호명하고 마이크를 넘겼을 때, 행사장을 가득 메운 사람들의 박수를 받으며 연단에 올라선 저는 장내를 한번 둘러보고 가볍게 목례를 한 뒤, 인사말을 시작했습니다.

먼저, 행사를 주최해준 군수와 시장들을 한 사람씩 거명하며 감사를 전했습니다. 그다음 훌륭한 골프장을 오늘의 행사를 위해 기꺼이 개방해주고 준비와 진행을 완벽하게 수행해주신 골프장의 총지배인과 스태프 여러분께 감사드린다고 인사하자, 모든 참석자들이 뜨거운 박수로 동감을 표했습니다. 특히, 당초 비가 올 것으로 예보되었던 날씨를 이렇게 화창한 날씨로 바꾸느라 애써주신 골프장 총지배인과 직원 여러분의 노고에 특별한 감사를 드린다고 하자, 참석자들이 크게 웃으며 행사장이 떠나갈 듯 다시 한 번 큰 박수로 호응해주었습니다. 그 모습을 바라보며 저는 좀 더 자신감을 갖고 말을 이어갈 수 있었습니다.

그렇게 저는 골프와 관련된 이야기를 시작했습니다.

첫 번째 이야기입니다. 어느 날 부인이 남편에게 물었답니다.

"당신, 만일 내가 언젠가 죽는다면 재혼할거야?"

"글쎄, 잘 모르겠는데. 할 수도 있겠지."

"그럼, 그 여자가 이 집에 살게 될까?"

"아마 그렇게 되겠지."

"그럼, 그 여자가 내 침대를 쓰게 될까?"

"글쎄, 그럴 수도 있겠지."

"그럼, 그 여자가 내 옷들을 입게 될까?"

"글쎄, 그 여자가 당신 옷을 좋아할지 모르지만, 만일 그 여자가 좋아한다면 입을 수도 있겠지."

"그럼, 그 여자가 내 골프채도 쓰게 될까?"

"아니! 그렇지는 않을걸!"

"왜?"

"왜냐하면, 그녀는 왼손잡이거든."

오랫동안 계속된 박수와 함성이 가라앉기를 기다렸다가 제가 한 마디를 독일어로 더했습니다.

"Sehr gefährlich!(참 위험하죠?)"

또다시 길게 이어진 박수 뒤에 제가 말을 이었습니다.

두 번째 이야기입니다. 골프 게임이 끝난 뒤, 남자들 몇 명이 클럽 하우스에서 옷을 갈아입고 있을 때, 휴대전화의 벨이 울렸습니다. 몇 초간 벨이 울린 뒤, 한 사내가 전화기를 들자 여자의 목소리가 들렸습니다.

"자기야! 아직도 골프 치는 중이야?"

"아니. 방금 끝내고 지금은 샤워하려는 중이야."

"자기야! 나 지금 백화점에 와 있는데, 정말 마음에 드는 예쁜 핸드백 가격이 천 유로밖에 안 되네. 사도 될까?"

"그래, 좋으면 사."

"고마워, 자기! 그리고 밍크코트가 삼천 유로밖에 안 하는데, 사도 될까?"

"그럼, 당신이 좋으면 사."

"고마워, 자기! 그리고 자기는 내가 얼마나 다이아몬드 반지를 갖고 싶어했는지 알지? 그런데 오늘 마침 내가 평소에 갖고 싶었던 디자인의 반지를 봤는데, 만 유로야. 이것도 사도 될까?"

"물론이지. 걱정하지 말고 사!"

"자기야, 고마워! 저녁에 집에서 봐!"

"그래!"

통화를 끝내자마자 그 사내는 휴대전화를 한 손으로 높이 들더니 이렇게 외쳤습니다(저 또한 주머니에서 휴대전화를 꺼내서 한 손에 잡고 높이 든 채 외쳤습니다).
"실례지만, 이 휴대전화 주인이 누구세요?"

모든 청중들이 약 2분간 테이블을 두드리고 휘파람을 불어대는 통에 귀가 얼얼할 정도였습니다. 특히, 남자들이 저의 마지막 말이 나오자 크게 내질렀던 환호성은 아마도 같이 참석한 아내의 눈치를 보며 '저렇게 아내에게 전부 사주는 것으로 스토리가 흘러가면, 집에 가서 피곤해질 텐데……' 하고 마음을 졸이다 그로부터 해방된 기쁨을 표현한 게 아니었을까 생각합니다.
소란이 가라앉기를 기다렸다가 저는 이렇게 마지막 한마디를 덧붙였습니다.

신사 여러분,
저희 삼성이 최고 품질의 휴대전화를 최대한 합리적인 가격에 공급해 드리려고 애쓰고 있습니다만, 여러분이 자신의 휴대전화를 잘 관리하지 않으면 방금 말씀드린 것과 같이 금전적인 부담을 크게 떠안아야 하는 상황이 발생할 수 있으니 휴대전화 관리에 유의하시기 바랍니다. 감사합니다.

전원이 한참을 기립 박수를 쳐주는 가운데 제가 자리에 앉자, 옆자리에 앉은 군수의 부인이 이렇게 말했습니다.

"Mr. Yoo. 당신과 같은 테이블에 앉은 우리들에게는 뭔가 특혜가 있어야 하는 것 아닙니까? 그러니 우리만을 위해서 재미있는 이야기 한 가지만 더 해주시죠!"

이렇게 청탁 아닌 청탁을 하는 바람이 주빈석에 앉았던 사람들이 다시 한 번 폭소를 터뜨렸습니다.

예기치 않았던 상황에서 어쩔 수 없이 순발력으로 때운 연설이었습니다만, 이 또한 오래도록 지워지지 않는 유쾌한 경험이었습니다.

4장 **여유**

한 걸음 물러나면 보이는 것들

"강물을 보고 고기를 탐내기보다는
집에 돌아가 그물을 엮어라."
- 유안(중국 한나라 학자)

텔레비전을 공짜로 주고도
돈을 버는 방법

언젠가 읽었던 『딜(Deal)』(작은씨앗)이라는 책에서 흥미 있게 읽었던 내용을 옮겨보겠습니다. 특히 마케팅 분야에 종사하는 분들에게는 찬찬히 음미해볼 가치가 있는 내용이라고 생각합니다.

1912년 미국 대통령 선거에 출마한 루즈벨트의 선거캠프가 연설문이 담긴 300만 장의 팜플렛을 배포하기 직전, 표지 사진에 심각한 문제가 있음을 발견했다. 사진 위의 '모펫 스튜디오'라는 작은 글귀는 사진의 저작권이 모펫 스튜디오에 있다는 표시였다. 소송으로 갈 경우 선거캠프는 그 당시 천문학적인 금액인 300만 달러를 내야 할 처지였다. 선거 캠프는 고심 끝에 모팻 스튜디오의 주인 조지 모팻에게 다음과 같은 내용의 편지를 보냈다.

'당신 스튜디오가 찍은 우리 후보자의 사진은 매우 훌륭하다. 우리는 표지에 당신이 찍은 사진이 대문짝만하게 실린 팜플렛을 배포할 것이고 스튜디오는 엄청난 홍보 효과를 누릴 수 있을 것이다. 당신 사진을 홍보하기 위해 얼마를 지불할 용의가 있는가?'

사진 사용에 관한 협상에서 결정의 주도권은 자기들에게 있다는 것을 암시하는 편지였고 조지 모팻은 당장 250달러를 내겠다는 답장을 보내왔다. 루즈벨트 선거 캠프는 저작권 소송에서 패소할 경우 선거자금이 바닥날 처지라는 불리한 점을 감추는 한편, 자신들이 상대 스튜디오를 홍보할 수 있다는 유리한 점을 부각시켜 힘의 균형을 자기 쪽으로 기울게 한 것이다.

많은 사람들이 협상에 들어가기도 전에 결과는 이미 정해져 있다고 지레 겁을 먹는다. 협상장에 들어가야 하는 아쉬운 처지로 상황이 이미 불리하게 정해졌기 때문에 '밀고 당기기'를 하는 것은 불가능하다고 낙담한다. 하지만 협상의 성패를 좌우하는 것은 실제 가진 힘과 자원이 아니라 스스로가 생각하는 힘의 크기다. 루즈벨트 선거캠프와 같이 실제로는 불리한 처지에 있더라도 자신이 가진 작은 파워를 지렛대로 이용하면 유리한 협상을 이끌 수 있다.

저는 사원 시절, 이와 같이 협상에서 약자의 위치에 있는 듯하나 아이디어를 발휘하여 사업을 만들어내는 경우를 보았습니다. 당시 그 회사는 '백화점에서 상품을 많이 구매하는 고객들에게 텔레비전을 공짜로 나눠주는' 프로젝트를 생각해냈습니다.

텔레비전 수십만 대를 주문 제작하되, 일반적인 텔레비전과는 달리 화면의 한쪽 구석에 기업체의 광고가 잠시 떴다가 사라지면 또 다른 회사의 광고가 떴다가 사라지게 한다는 것이었습니다. 그 광고는 텔레비전 속에 심어진 IC(Integrated Circuit)에 의해 일정 기간이 지나면 다른 회사의 광고 또는 동일한 회사의 다른 광고로 업데이트되었습니다. 결국, 소비자들 입장에서는 텔레비전 화면 한쪽 구석에 항상 떠 있는 광고를 참고 볼 인내심만 있다면 공짜로 텔레비전을 받게 되는 것이니 거절할 이유가 없었습니다.

그렇다면 텔레비전을 공짜로 준 수익은 어떻게 챙겼을까요? 그런 아이디어를 갖고 각 기업체를 접촉하여 협상을 했습니다. 수십만 대의 텔레비전을 시청할 가족과 친지들을 합한 수백만 명의 잠재 고객들이 텔레비전을 켜기만 하면 당신네 회사의 광고를 보도록 만들어줄 테니 광고를 사겠느냐고 제안한 겁니다. 그 회사는 그렇게 벌어들인 광고비로 텔레비전 가격을 지불하고도 이익을 만드는 사업 모델을 만들었습니다. 무료 또는 약간의 금액만 지불해도 고객에게 줄 사은품용 텔레비전을 주겠다고 하니 백화점 입장에서도 거절할 이유가 없었을 것입니다.

그 뒤에 그 프로젝트가 성공했는지까지 확인하지는 않았습니다만, 그 계획을 들으며 '아이디어만 있다면 협상장에 들어갈 때 얼마든지 협상력을 끌어올릴 수 있구나.' 하고 고개를 끄덕였던 기억이 납니다.

지난 30년 직장 생활 동안 주로 거래선과 상담하는 것을 주업으로 하며 살아왔지만, 새로운 거래선과는 물론 기존 거래선과 중요한 사안을 놓고 벌이는 상담에 임할 때면 아직도 긴장하는 제 자신을 발견합니다. 간혹 '이렇게 스트레스 받는 일에서 이제는 벗어나 자유롭게 살고 싶다'는 생각을 하다가도 중요한 상담을 성공적으로 마치고 나면 온몸이 짜릿해지는 만족감을 느끼곤 합니다.

'영업, 마케팅 현장이라는 건 어쩌면 일종의 마약과도 같은 것이구나! 머지않은 날 이 현장을 떠난 뒤의 삶은 탄력을 잃은 고무줄과 같아지지 않을까? 그때는 또 과연 무슨 재미가 나를 기다리고

있을까?'

  한때, 경부고속도로 상행선 서울 톨게이트 위에 '당신이 무의미하게 보내고 있는 오늘이 어제 세상을 떠난 사람이 그토록 맞이하고 싶어했던 내일입니다.'라는 글귀가 붙어 있던 적이 있습니다. 당시 주말 오후 수원 사무실을 나와 서울로 향하는 퇴근길에서 고속도로 톨게이트의 그 글귀를 볼 때면, '그래. 열심히 살자. 한 번밖에 없는 삶인데!'라고 다짐하곤 했습니다. 여러분도 일주일 동안 고생한 몸과 마음에게 '수고했다'는 말과 함께 스스로를 다독여주는 주말을 보내기 바랍니다.

일터의 고마움

긴 추석 연휴로 인해 목요일, 금요일 이틀간 근무한 뒤에 또다시 주말을 맞게 되니 어제 사내 통신망에 떴던 '연휴인 듯, 연휴 아닌, 연휴 같은 금요일'이라는 글귀가 마음에 와 닿는 하루입니다.

이번 주에는 독립 야구단 고양 원더스가 해체된다는 소식이 있었습니다. 제가 워낙 야구를 좋아해서이기도 하겠지만 고양 원더스 팀의 해체 소식을 듣고 뭔가 가슴 한편이 허전해지는 듯한 느낌을 받았습니다.

게임 소프트웨어 회사로 돈을 번 허민 사장이 사재를 투입해서 고양시와 함께 시작했던 독립 야구단 고양 원더스. 고등학교나 대학교를 졸업한 뒤 프로 입단에 실패한 선수가 다시 한 번 프로 진입 기회를 잡도록 야구를 계속할 수 있는 기회를 주는 곳이 독립 야구단입니다. 매년 30~40억 원의 사재를 털어 넣으며 야구단을 운영했던 허민 구단주뿐 아니라 그런 선수들을 강하게 훈련시켜 지난 3년간 22명을 프로팀으로 진출시킨 김성근 감독도 참 대단한 인물임에는 틀림없습니다.

여기서 팀 해체의 이유로 언론에서 보도되었던, 고양 원더스의 퓨처스 리그(프로 2부 리그) 등록을 거부한 KBO(한국야구위원회)가 잘못한 것인가 아니면 정식 프로팀의 2군이 아닌 고양 원더스가 퓨처스 리그 진입을 희망하는 것 자체가 무리한 요구였던가에 대한 잘잘못을 이야기하고 싶은 생각은 전혀 없습니다.

제가 이번 사태를 보면서 느낀 것은 '일터의 고마움'입니다. 약 10여 년 전 어느 날 저녁, 스포츠 뉴스를 통해 그날 있었던 프로농구 신인 선수 드래프트(신인 선수를 선발하는 일) 결과 보도를 봤습니다. 당시 신인 선수 드래프트는 그해의 프로농구 정규 리그에서 꼴등을 한 팀이 먼저 고졸, 대졸 선수 중 가장 필요한 선수 한 명을 지명하고, 이어서 꼴등에서 2등을 한 팀이 선수 한 명을 지명하는 방식으로 진행되었습니다. 이런 식으로 모든 팀이 한 명씩 지명하면 1라운드가 끝나고, 2라운드, 3라운드로 이어지고 있었습니다. 라운드가 계속되면서 지명된 선수들은 환호하며 일어섰지만, 아직 지명을 받지 못한 채 대기하고 있는 선수들의 얼굴에는 초조한 빛이 역력했습니다.

몇 번의 지명 라운드가 이어지면서 "우리는 더 이상 지명할 선수가 없습니다."라며 지명을 포기하는 팀들이 나타나기 시작했습니다. 결국 대부분의 팀들이 하나같이 '지명할 선수가 없다'고 말하는 상황에서 거의 의미는 없지만 그래도 한 라운드를 마무리하기 위해 다음 팀, 또 다음 팀에게 지명 여부를 물어볼 때마다 앉아 있던 선수들의 어깨가 점점 축 처지는 것을 볼 수 있었습니다.

그때, 한 팀에서 '저희는 ○○○ 선수를 지명합니다'라고 말하자, 카메라에 감격에 겨워하는 그 선수의 모습이 비춰졌습니다. 사실 그 선수의 모습도 제게 많은 생각을 하게 했지만, 지금도 잊히지 않는 건 마지막에 지명을 받은 선수를 지도했던 소속 대학 감독의 인터뷰였습니다.

선수보다도 더 진한 눈물을 흘린 그 감독은 "농구밖에 모르는 이 애가 드래프트에서 뽑히지 못하면 사회에 나가서 뭘 할 수 있겠습니까? 뽑아주셔서 정말 고맙습니다. 이 애가 죽을 힘을 다해서 뛸 겁니다. 절대 실망시키지 않는 선수가 될 겁니다."라고 했습니다. 눈물을 닦으며 "감사합니다."를 연발하던 그 감독의 모습이 아직도 생생합니다.

고양 원더스 해체 소식을 듣고 10여 년 전 뉴스에서 봤던 프로 농구 드래프트 장면을 떠올리며 저는 '내 꿈을 펼칠 수 있는 일터가 있다는 건 얼마나 행복한 일인가?' 하는 생각을 했습니다.

어떤 이는 20~30년 전, 어떤 이는 바로 금년에 생활하기 시작한 이곳, 우리들의 회사, 우리들의 일터. 여러분은 과연 처음 입사할 때 가졌던 '감사', '기쁨', '열정', '꿈'을 얼마나 간직하고 있습니까? 혹시 '내 꿈을 펼칠 수 있는 소중한 곳'이라는 생각은 사라지고 '생존을 위한 밥벌이를 위해 싫어도 할 수 없이 와야만 하는 곳'이라는 생각만 남아 있는 건 아닌지 저부터 자문해봅니다.

시황이 안 좋다고 주눅 들거나 의기소침해 하지 말고, 이 어려움을 극복하여 '내 소중한 일터는 내 손으로 지킨다'는 마음가짐으로 한 걸음씩 앞으로 나아갑시다.

뒷모습이
더 중요하다

지나온 길을 되돌아보며 가장 다행스럽게 생각하는 점은 '명예롭게' 직장 생활을 마칠 수 있었다는 점입니다.

제가 간부 시절이나 임원이 된 뒤에도 직원들과 대화를 할 기회가 있을 때면 항상 강조했던 것이 있습니다.

'우리 모두 단 한 명의 예외 없이 언젠가는 떠나야만 하는 직장이지만, 항상 경계하고 또 조심해야 하는 것은 불명예스럽게 떠나는 일이다.'

'업무를 추진하다가 소위 사고를 쳐서 책임을 지고 떠나는 것은 전혀 부끄러운 일이 아니며, 도리어 열심히 일을 했다는 뜻이므로 자랑스러워해야 한다. 이는 마치 얌전히 방안에만 앉아 있는 아이는 무릎이 깨질 일이 없는 것처럼, 회사에 다니면서 책임질 만한 사고를 한 번도 당하지 않았다고 말하는 건 자랑할 일이 아니며, 도리어 소극적인 직장 생활을 한 것은 아닌가 다시 한 번 생각해볼 일이다.'

제가 특히 경계해야 할 일로 당부했던 것은 '부정(不正)'이었습니다. 직장 생활을 오래할수록 함께했던 동료들과의 관계가 퇴직 후에도 평생을 살아가는 데 있어 중요한 자산이 될 수밖에 없습니다. 그런데 한때의 잘못으로 부정을 저지르고 불명예스럽게 퇴직을 하면 그 동료들을 다시는 떳떳하게 만날 수 없게 됩니다. 이것만 보더라도 언젠가 닥칠 퇴직의 사유가 '부정'이어서는 안 된다고 생각합니다.

사실 부정을 저질러서는 안 된다는 사실은 국내외의 모든 회사, 모든 조직에서 강조하는 바인데도 끊임없이 부정과 관련된 사건이 발생하고 언론에 보도되는 것을 보면 '참, 사람들이 세상을 너무 만만하고 쉽게 보는구나. 왜 영원한 비밀은 없다는 걸 모를까!' 하는 생각이 듭니다.

과장 시절의 일입니다. 이제는 그나마 명절 때 거래선에 선물을 주는 관행조차 없어졌습니다만, 당시 추석을 앞두고 '회사의 기본 방침은 거래선에 대한 선물은 안 주고 안 받는 것이지만, 반드시 선물을 해야만 하는 거래선이 있으면 명단을 제출하라'는 지시가 있었습니다.

그때 저희 과에서 제출했던 명단에 국내에서 조그만 무역회사를 경영하는 사장이 한 분 있었습니다. 이분은 우리 회사 제품을 해외로 수출하고 있었는데 규모 면에서 작은 회사이긴 했지만 우리 회사에서 생산·수출하고 남은 자투리 부품을 해외에 수리용 부품으로 수출하며 우리 회사의 재고 처리에도 도움을 주고 있었습니다. 그분을 위해 제가 회사에 요청해서 준비한 추석 선물은 구두 상품권 한 장이었습니다.

회사로부터 구두 상품권을 받기는 했으나 전달은 못 하고 있던 어느 날, 그 사장께서 상담을 위해 저희 회사를 방문하셨습니다. 그날 상담을 마치고 일어서던 그분이 제게 "유 과장님, 추석도 다가오고 해서 간단한 선물을 준비했습니다. 부서원들과 나눠서 사용하시기 바랍니다."라며 봉투를 내미시는데, 그 안에는 구두 상품권 다섯 장이 들어 있었습니다. 저는 그 봉투 위에 제가 준비했던 구두 상품권 한 장을 얹어서 다시 그분 앞으로 내밀며, "사장님 덕분에 저희가 재고를 잘 처리하는 신세를 지고 있는데 저희가 선물을 받는 것은 당치 않습니다. 사장님께서 저희 직원들을 위해 선물을 주셨다는 사실은 사장님의 마음과 함께 제가 직원들에게 잘 전하겠습니다. 하지만 선물은 다시 가져가시고 마침 저희가 사장님께 드리려고 준비했던 것이 있으니 약소합니다만 받아주시기 바랍니다."라고 말씀드렸습니다.

극구 사양하시는 그분께 선물을 드리고 상담실을 나서면서 '우리 쪽에서 아무런 선물도 준비하지 않고 상담에 들어갔었다면 참 민망할 뻔 했구나!' 하며 그날 상담실에서 있었던 일을 직원들에게 전하고 저는 그 일을 잊고 있었습니다.

그런데 그 뒤 수년이 지나 제가 브라질에 주재하고 있을 때 본사에서 보내온 감사팀의 부정 관련 직원 교육용 책자를 보던 저는 깜짝 놀라고 말았습니다. 그 책자에 소개된 각종 부정 관련된 사건 사고 사례 중 거래선으로부터 선물 수수에 잘 대응한 사례로 'Y 모 과장의 구두 상품권 거절 사례'라는 제목의 글이 소개되어 있었던 것입니다. 물론 당시 제게서 그 이야기를 전해 들은 저희 부서원 중 누군가의 입을 통해 감사팀의 귀에까지 그 이야기가 전해졌을 테지만, 어쨌든 그 일을 계기로 저는 '내가 생각하는 것보다도 훨씬 더 많은 눈과 귀가 있구나! 항상 처신을 바르고 깨끗하게 해야겠다.'라고 생각했습니다.

역시 과장 시절의 일입니다. 그때도 명절을 며칠 앞둔 시점이었는데 저희 회사의 수출 물류를 담당하고 있던 회사 중 한 업체의 직원이 제 자리에 오더니 "과장님, 다음 달 선박 운항 스케줄입니다. 수출용 컨테이너 출하할 때 참고하시기 바랍니다."라며 두툼한 선박 운항 스케줄 책자를 놓고 갔습니다.

"알겠습니다."라고 무심결에 대답하고 하던 일을 계속하던 저는 갑자기 '선사에서 선박 일정표를 내게 직접 전해준 적은 지금까지 한 번도 없었지 않았나?' 하는 생각에 막 사무실 문을 나서려는 선사의 직원을 일단 불러 세웠습니다.

그러고 나서 책자를 열어보니 봉투가 들어 있었고, 그 속에는 상품권이 있었습니다. 엉거주춤 제 자리 앞에 서 있는 그 직원에게 봉투를 내밀며 이렇게 말했습니다.

"운항 스케줄 책자는 잘 받겠습니다. 그런데 이 봉투는 다시 가져가시기 바랍니다. 봉투 안의 상품권이 얼마짜리인지는 확인하지 않겠습니다. 다만 한 가지는 분명히 말씀드리겠습니다. 저희 수출부에서 물류회사를 선정하는 결정권을 갖고 있지는 않지만 만일 앞으로 저나 저희 부서원들을 대상으로 한 번이라도 이런 일이 재발한다면 귀사와의 재계약은 반드시 막도록 수출부가 나설 것입니다. 이 말씀을 꼭 귀사의 부서장께 보고해주시기 바랍니다."

얼굴이 벌겋게 상기되어 돌아가는 물류회사 직원을 보면서 그가 사무실을 나서기 전에 봉투를 발견할 수 있어서 다행이라고 여기며 안도의 한숨을 내쉬었습니다. 그날 오후 걸려온 물류회사 간부의 사과 전화로 그 일은 일단락되었습니다.

이 사건으로 '실질적인 결정권이 없는 자리에 있는데도 이렇게 선물을 전하려 하는데, 앞으로 결정권이 있는 자리에 서게 된다면 몸가짐을 더욱 조심해야겠다'는 생각을 굳히게 되었습니다.

그나마 깨끗한 조직이라는 삼성에서도 요즘 가끔씩 언론에 보도될 정도로 큰 부정 사건이 터지는 것을 볼 때마다 '깨끗한 삼성'의 문화가 훼손되는 것 같아 마음이 편치 않습니다. 하지만 이런 상황에서도 제가 몇 년 전 겪었던 일은 좋은 기억으로 남아 있습니다.

저는 2009년 초 독일에서 귀국한 뒤 주말이면 서초동에 있는 삼성 레포츠 센터에 가서 운동을 하곤 했습니다. 그 레포츠 센터는 삼성 직원뿐만 아니라 일반인들에게도 개방된 곳이었는데, 그곳에서 근무하는 직원들의 친절한 모습에 항상 고마움을 느끼고 있었습니다.

그러던 어느 해 크리스마스를 며칠 앞둔 날 운동을 하러 가는 길에 빵을 좀 넉넉히 준비해 레포츠 센터의 직원에게 전달하며 "크리스마스도 다가오고 하는데 좀 나눠드세요."라고 말했습니다.

그런데 운동을 시작하고 약 5분쯤 지났을 때, 한 직원이 다가오더니 "혹시, 저희 직원에게 빵을 주신 분이십니까?"라고 물었습니다. 제가 그렇다고 했더니 "저희가 규정상 회원님들로부터 선물을 받을 수 없습니다. 빵은 보관해둘 테니 운동 마치고 가실 때 다시 가져가시기 바랍니다."라고 말하는 것이었습니다. 저는 별로 비싼 것도 아니고 하니 그냥 받아달라고 그 직원을 겨우겨우 설득해서 보냈습니다.

그렇게 또 운동을 시작한 지 5분 정도 지났을 때였습니다. 다른 직원이 또 와서 선물을 받을 수 없다는 말을 하기에 또 저의 설득이 이어지고, 이제는 끝났구나 싶어서 운동을 하는데 그들 중 고참처럼 보이는 한 직원이 오더니 또 똑같은 말을 했습니다.

저는 하는 수 없이 제 신분을 밝히고 '나도 삼성의 임원으로서 부정을 엄격히 금지하는 삼성의 규정을 충분히 알고 있으나, 오늘 준비한 빵은 뇌물이 아닌 직장 선배가 후배들에게 주는 마음이라고 생각하고 받아달라'고 간곡히 설득했습니다. 그러자 그로부터 겨우 "정 그러시다면 이번만 받겠습니다."라는 답을 들을 수 있었습니다.

그 일이 있은 뒤, 그 레포츠 센터의 직원들에게 선물은 고사하고 아주 작은 먹을거리조차 준 적이 없습니다. 아무튼 그날의 일로 '그래도 아직 이 사회의 어딘가에는 때 묻지 않은 곳이 있구나. 아무리 사회가 혼탁하다고 해도 이래서 결국엔 밝은 방향으로 발전해갈 수밖에 없다.'라는 희망을 가질 수 있었습니다.

웃음이 있는 미팅

전염되는 것은 감기와 같은 질병만이 아닙니다. 기쁨도, 슬픔도 전염됩니다. 그래서 항상 우울한 표정을 짓는 사람보다는 표정이 밝은 사람 곁에 더 많은 친구들이 모이는 게 아닐까 싶습니다.

브라질에 주재하던 시절이었습니다. 거래선 중에 매우 빠른 속도로 성장하고 있는 회사가 있었습니다. 그 회사의 사장은 조그만 상점 하나로 시작해서 회사를 대여섯 개 늘렸을 정도로 사업에 성공한 입지전적인 인물이었습니다. 그의 최종 학력은 초등학교 또는 중학교일 것이라고 사람들의 추측만 난무했을 만큼, 베일에 싸여 있기도 했습니다.

 그 회사에는 반년에 한 번씩 회사의 전 간부들이 모여 만찬을 벌이는 독특한 문화가 있었습니다. 회사의 성장 속도가 너무 빠르다 보니 중간에 경력 채용된 간부들을 소개하지 않으면 관계사의 간부들끼리도 서로 알아볼 수 없어 이로 인해 발생하는 문제를 피하기 위한 조치였습니다.

 어느 날, 그 회사의 임원으로부터 저녁 초대를 받아 무심코 갔던 자리가 바로 그런 자리였습니다. 약 50여 명이 참석한 식당의 헤드 테이블에는 그 회사의 사장과 상파울루 시의회 의원을 비롯한 정계 인사 몇 명의 자리와 함께 저의 자리도 마련되어 있었습니다.

 브라질의 독특한 법에 의해 외국계 회사는 단순히 지점이나 사무소가 아닌 법인으로만 등록이 가능하게 되어 있습니다. 따라서 저희 지점도 현지에서는 법인으로 등록되어 제 명함 또한 사무소장(Office Manager)이 아닌 법인장(Presidente[프레지덴치])으로 되어 있었습니다. 그러나 당시 30대 중반의 나이에 본사 직급이 과장인 제가 앉기에는 매우 부담스러운 자리였습니다.

 아무튼 행사가 시작되고 지난 반년 동안 입사한 간부들이 차례로 일어나서 자기소개를 하는 순서가 되었습니다. 그런데 대여섯 명의 소개가 진행되자 저는 '아차!' 싶었습니다. 진행자가 신입 간부를 한 사람씩 호명하며 일으켜 세워 인사를 시키는데, 그 순서가 'ㄷ'자로 된 좌석 배치상 말석인 양쪽 끝에서 시작해 점차 중앙으로 오고 있음을 알아차린 것입니다. 결국, 이런 순서대로 진행되면 맨 마지막으로 호명될 사람은 바로 헤드 테이블에 앉은 제가 될 수밖에 없었습니다. 참석자 전원이 아닌 신입 간부만 소개하는 것을 볼 때 제 앞으로 몇 명이나 더 일어설지는 모르겠지만 얼마 남지 않은 짧은 시간 내에 인사말을 준비해야 한다는 생각에 미치자, 정신이 번쩍 들었습니다.

저는 순간 '첫째, 거래선의 사장이 영어를 선혀 못하니 그 인사말은 당연히 포르투갈어로 해야만 한다', '둘째, 행사의 1부 순서를 마무리하는 마지막 자기소개인 만큼 짧고 재미있으면서도 분위기를 띄울 수 있는 것이어야 한다', 이 두 가지 조건을 충족시키는 인사말을 짧은 시간 내에 생각해내야만 했습니다.

잠시 후 예상대로 마지막으로 제 앞에 마이크가 왔을 때, 저는 일어서서 이렇게 말했습니다.

"오늘 이렇게 귀한 자리에 초대해주셔서 감사드립니다. 그런데 사실 오늘 제가 여러분 회사에 부품을 공급하는 협력사 대표 자격으로 이 자리에 참석했습니다만, 솔직히 말씀드리면 저도 앞서 자기소개를 하신 분들처럼 이 회사의 신입 간부로서 저를 소개드릴 수 있기를 간절히 원했습니다.

그래서 지난번에 입사 원시를 냈는데, 여기 옆에 계신 사장님께서 'J. K., 당신은 아직 포르투갈어 실력이 부족해서 채용할 수 없으니 공부를 더 한 뒤에 보자'고 하셔서 입사에 실패했습니다. 제가 요즘 열심히 공부하고 있으니 다음번에 재도전해서 여러분과 이렇게 만찬 자리에서 다시 만나 신입 간부로 인사드릴 날이 꼭 있기를 기대합니다. 고맙습니다."

인사를 끝내고 자리에 앉자, 참석자 전원의 폭소와 뜨거운 박수가 이어지는 속에 제 옆자리에 앉은 상파울루 시의회 의원이 마이크를 잡고 이렇게 말했습니다.

"Mr. Yoo! 당신이 지금 말한 포르투갈어 실력이면 충분합니다. 만일 이 회사에서 당신의 채용을 거절했다면 내가 사장에게 영향력을 좀 행사해줄 수 있는데, 어떻습니까? 사장에게 내가 부탁해볼까요?"

이 한마디에 식당은 다시 한 번 웃음바다가 되었고, 한껏 달아오른 분위기에서 1부 행사를 마무리하고 2부인 식사 순서로 넘어갈 수 있었습니다.

부장 시절, 미국 출장 중 상담에 들어갔을 때의 일입니다. 그날 거래선의 참석자 중 좌장은 여성 임원이었습니다. 그 업체와는 10여 년 전쯤 거래가 있었으나, 그 이후 제품 단종으로 거래가 중단된 이력이 있었습니다.

그날 상담에 참석한 사람들은 모두 초면이었습니다. 그런데 서로 인사를 나눈 뒤 상담을 시작하면서 제가 10여 년 전 그 회사와 거래했던 이야기를 했더니 그 여성 임원이 제가 언급한 당시 그 회사 사람들의 이름을 기억하며 반색을 하는 것이었습니다.

그래서 제가 "당신은 이 회사에서 몇 년간 근무했습니까?"라고 물었더니 "20년을 근무했습니다."라는 답이 돌아왔습니다.

그 대답이 떨어지기가 무섭게 저는 노트를 접어 가방에 넣고 주섬주섬 짐을 싸는 시늉을 했습니다. 순간 거래선의 참석자들뿐만 아니라 우리 측 참석자들도 깜짝 놀라서 '이 사람이 갑자기 왜 이러지?' 하는 표정을 하고 일제히 저를 주목하자, 제가 이렇게 말했습니다.

"제가 비즈니스를 하면서 가장 중요하게 생각하는 것은 서로 간의 신뢰입니다. 믿음이 뒷받침되지 않는다면 거래는 이루어질 수 없다고 생각합니다. 그런데 당신이 이 회사에서 20년을 근무했다고 하니 그 말은 결국 초등학교를 졸업하자마자 회사 생활을 시작했다는 뜻인데 뭔가 앞뒤가 안 맞는 것 같습니다. 그래서 저는 신뢰가 바탕이 되지 않은 이 미팅은 의미가 없다고 생각해 일어서려 했던 것입니다."

순간 모두들 전차에 받힌 것처럼 몇 초간 멍한 표정으로 저를 바라보았고, 곧이어 그녀가 크게 웃으며 "Mr. Yoo! 고맙습니다. 제가 오늘 저녁에 한턱내야겠습니다."라고 했습니다. 모두가 일제히 폭소를 터뜨리며 상담이 시작되었고, 그날 상담은 당연히 성공적으로 마무리할 수 있었습니다.

개발·제조 부문을 총괄하는 사업팀장을 1년간 맡은 뒤, 사업팀제를 폐지하고 사업부 체제만 유지하기로 결정되어 제가 다시 본연의 업무인 영업팀장으로 자리를 옮기고 며칠이 지났을 때의 일입니다.

사업팀장을 맡고 있을 당시 주요 고객사 중의 하나로서 항상 요구사항이 매우 까다롭던 미국의 모 회사 구매 임원으로부터 메일이 왔습니다.

'내가 지금 홍콩에 출장 와 있는데 내일 오후 인천 공항으로 갈 테니 당신과 당신의 상사인 사업부장, 이렇게 두 분은 잠시 저와 만납시다. 내가 한국에 체류할 수 있는 시간은 두 시간에 불과하여 당

신네 회사까지 갈 수는 없으니 인천 공항에서 봅시다.'

당시 품질, 납기 등에서 아무런 문제가 없었기에 '도대체 무슨 일로 보자는 걸까?' 의아해하며 저와 사업부장, 그리고 마침 연말 전사 전략회의 참석을 위해 본사에 출장을 와 있던 미주 판매법인장, 그 제품을 생산하는 중국 제조법인장 등 네 명이 함께 인천 공항으로 가서 그를 만났습니다.

만나자마자 그가 한 말의 요지는 이러했습니다.

'우리와 전혀 협의 없이 실시한 이번 인사이동은 받아들일 수 없다. 지난 1년간 J. K.가 사업팀장을 맡아서 우리 회사와 교감이 잘 이뤄지고 있었는데 갑자기 담당자를 바꾸는 건 받아들일 수 없으니 J. K를 원래 있던 사업팀장 자리로 되돌려달라.'

그 회사가 사람을 교체하는 것에 대해 유독 까다롭다는 사실은 잘 알고 있었지만, 이미 회사의 조직발표가 났고, 그에 따라 자리가 바뀐 상황에서 이를 원위치시키라는 그의 요구가 황당하여 저희 쪽 참석자들은 서로 얼굴만 붉히고 있었습니다.

잠시 후, 제가 입을 열었습니다.

"Mr. D, 결국 당신 말을 요약하면 J. K.가 일을 잘하니 바꾸지 말고 그대로 둬라, 뭐 이런 말입니까? 그렇게 말해주면 나야 물론 고맙지만 그런 말은 우리 사업부장 앞에서만 할 게 아니고 우리 사장께 직접 해야 효과가 있지 않겠습니까? 아예 오늘 사장도 함께 나오라고 했으면 좋았을걸 아쉽네요."

이렇게 일동을 웃게 해서 분위기를 좀 가라앉힌 뒤, 차분하게 설명했습니다.

"물론 내가 맡았던 사업팀에게 있어서 당신네 회사와의 거래는 매우 중요했습니다. 그런데 미안하지만 우리 사업부 전체 매출로 보면 사실 귀사의 거래 금액이 그리 큰 수준은 아닙니다. 이번에 사업팀제도가 없어지면서 내가 사업부 영업 전체를 맡게 되었는데 당신이 이렇게 없어진 사업팀을 부활시켜서라도 내게 그 자리로 돌아가라고 하는 것은 너무 과하지 않습니까? 그리고 당신 회사가 우리에게 중요한 고객이기는 하지만 이렇게 회사의 인사이동까지 허락을 받아야 한다고 말하는 것도 너무 심하다고 생각하지 않습니까?"

"좋습니다. 원래는 오늘 여기서 당신들을 잠시 만나서 문제를 해결하고 다시 홍콩으로 돌아갈 계획으로 왔습니다. 하지만 당신들이 내 부탁을 들어줄 수 없다고 하니 일정을 바꿔 서울에서 하루 숙박을 하고 삼성을 찾아가 사장을 만나 다시 부탁하겠습니다. 그 자리에서는 당신네 사업부와 거래하고 있는 제품뿐만 아니라 당신네 회사의 다른 사업부에서 우리 회사가 구매하고 있는 것까지 전부 테이블 위에 올려놓고, 부탁을 들어줄 건지 아니면 우리 회사와 거래를 중단할 건지를 묻겠습니다."

그 회사와 우리 회사가 거래하는 규모가 점점 커지고 있는 점도 신경이 쓰였지만, 거래선이 그렇게까지 막무가내로 나오는데 무조건 거부만 하면 자칫 감정싸움으로 치달을 수도 있는 상황이었습니다.

결국 사업부장이 타협안을 내놓았습니다.

"앞으로 반년간 J. K가 귀사를 위한 제품을 생산하는 중국의 제조공장과 본사의 영업부서에서 각각 절반씩 시간을 나눠서 근무하도록 하면 어떻겠습니까?"

"좋습니다. 그렇게 해준다면 J. K가 양국을 오가며 근무하는 데 따른 어려운 점에 대해서는 무엇이든 내가 책임지고 해결해주겠습니다."

서로 격앙된 분위기에서 거의 다투다시피 진행한 회의에서 그렇게 합의를 한 후 인천 공항 커피숍에서 일어서는데 아무래도 그런 분위기로 헤어져서는 안 될 듯해 제가 이렇게 말했습니다.

"조금 전에 제가 중국 제조법인에서 근무하는 데 있어 불편한 것이 있다면 책임지고 해결해주겠다고 했던 말, 진심입니까?"

"물론이오. 내가 책임지고 해결하겠소."

"당신도 알다시피 내가 혼자서는 하루도 못 지내는 사람인데 그런 나에게 집을 떠나서 그렇게 오랫동안 객지에서 생활하라는 건 너무 가혹한 고문입니다. 그러니 수시로 중국에 출장을 가는 당신의 현지 여자친구 명단을 내게 넘기시죠."

그러자 그가 파안대소하면서 "알겠소. A4지로 두 장 정도 되는 리스트를 넘겨줄 테니 걱정하지 마시오."라고 했습니다.

이렇게 서로 찡그렸던 얼굴들을 펴고 인천 공항에서 헤어졌고 그 뒤에 저는 약속한 반년을 중국과 한국을 오가고 나서야 순환근무를 마칠 수 있었습니다.

비즈니스 미팅도 결국은 인간관계의 연속임을 감안하면 웃음이 없는 상담처럼 재미없는 일도 없을 것입니다. 때로는 가격 1센트를 더 깎으려는 거래선과 조금이라도 더 높은 가격을 받으려고 치열하게 싸우기도 하고, 때로는 품질 문제의 책임이 어느 쪽에 있는지를 놓고 싸우기도 하는 전쟁터 같은 상담 속에서 가끔 한 번씩 던지는 농담과 유머는 격앙된 분위기를 가라앉혀 줄 뿐만 아니라, 원만한 타결을 이루게 해주는 청량제가 아닐까 생각합니다.

부드러움이
강인함을 이긴다

영업 사원들에게 중요한 덕목에는 끈질김, 집요함, 숫자 개념 등 여러 가지가 있겠지만, 저는 '사고의 유연성'이라는 항목 역시 빼놓을 수 없는 덕목이라고 생각합니다.

거래선과 상담에 들어갈 때는 '오늘 상담의 목표는 무엇이고, 그 목표를 달성하기 위해 어떻게 접근할 것인가' 등 기본적인 구상을 하고 들어갑니다. 그러나 실제로 상담이 시작되면 당초 구상과는 완전히 다른 방향으로 진행되는 경우가 더 많습니다. 상담이란 항상 상대방이 존재하고, 연극 대본처럼 상대방도 내가 기대하고 있는 대사로 응해주는 게 아니므로 상대방의 반응에 따라 적절히 대응하지 못하면 목표했던 결과를 얻을 수 없는 건 너무나 당연한 이치입니다. 물론 상담에 임할 때 이미 세워놓았던 큰 목표도 잊지 말아야겠지만, 그 목표를 향해 나아가는 상담 과정에 있어서 유연함 또한 잃지 말아야 합니다. 이는 마치 '산의 정상 등정'이라는 하나의 목표만 잊지 않는다면 올라가는 길은 여러 갈래를 택할 수 있는 것과 같은 이치라고 할 수 있습니다.

브라질에 주재하던 시절의 일입니다. 당시 1년간 부품을 공급해 오던 브라질 유수의 텔레비전 업체와 2차년도분 100만 대의 공급계약을 맺기 위해 본사에서 임원이 브라질을 방문하여 함께 거래선 상담을 들어가게 되었습니다. 거래 첫해에 공급한 80만 대분의 공급단가는 11달러였기에 2차년도 100만 대분에 대해 일부 가격 인하가 불가피했는데, 이 점에 대해서는 양사 간에 공감대가 형성되어 있었습니다.

그런데 양사의 임원진 간에 인사와 덕담이 끝나고 본격적인 협상이 시작되자, 거래선 참석자 중 좌장이었던 구매총괄이 "우리가 목표로 하는 가격은 8달러입니다. 이 가격을 맞춰주면 100만 대를 구입하겠지만, 그렇지 않으면 계약은 없습니다."라고 선언하는 것이었습니다. 그가 말한 가격은 우리가 예상했던 수준보다 훨씬 낮았기에 도저히 계약을 체결할 수 없는 상황이었습니다.

잠시 침묵이 흐른 뒤, 제가 대답했습니다.

"좋습니다. 그 가격을 받아들이겠습니다."

그 순간 저는 그 회의실에 참석한 사람들의 표정에서 많은 생각을 읽을 수 있었습니다. 저를 빤히 바라보는 본사에서 출장 온 임원의 얼굴에서는 '얘가 제 정신인가?', 기존 거래 가격보다 37퍼센트나 낮은 가격을 던져봤던 거래선의 구매총괄의 얼굴에서는 '그래? 정말 이 정도 가격이 가능한 수준이었던 거야?', 그동안 1년간 11달러에 구매해왔던 거래선의 구매담당자의 얼굴에서는 '이 친구가 내 상사 앞에서 아예 나를 자르려고 하는 건가?' 하는 생각…….

그렇게 그들의 얼굴을 한 번 둘러보며 뜸을 들인 뒤, 제가 이야기했습니다.

"그런데 한 가지만 묻겠습니다. 제품의 시장가격 수준을 모르실 리 없는 구매총괄께서 8달러를 말씀하실 때는 분명히 완전한 부품을 말씀하시는 건 아닐 테니 내용물이 없는 껍데기만 말씀하시는 것으로 이해됩니다. 그런데 저희 제품의 껍데기(case)만 사다가 어디에 쓰려고 하시는지요?"

순간 상담실 안에는 고요한 정적이 흘렀습니다. 몇 초간 공기가 전부 빠져나간 듯 진공 같은 정적이 흐른 뒤 거래선의 구매총괄이 천천히 치기 시작한 박수 소리를 따라 상담실 내의 모든 참석자들이 손뼉을 치고 있었습니다.

"Mr. Yoo! 당신이 이겼습니다!"

거래선이 던진 농담을 저희 쪽에서도 농담으로 받아넘겼기에 모두크게 웃을 수 있었고, 당초 우리가 예상했던 것보다 훨씬 적은 폭의 가격 인하만 해주고도 100만 대의 계약을 체결할 수 있었습니다.

물론 이것은 농담을 좋아하는 브라질 사람들의 성격을 감안한 임기응변이었습니다. 만일 그런 상황에서 계산기를 두들겨가며 "한꺼번에 가격을 37퍼센트나 깎자고 하면 우리는 어떻게 사업을 하라는 말인가? 누구는 땅 파다가 사업하는 줄 아는가?"라며 다소 공격적으로 대응했다면 상담은 분명 훨씬 더 거칠고 힘들게 흘러갔을 거라 생각합니다.

브라질에서 귀국해서 본사의 수출부장으로 근무하고 있을 때였습니다. 그날은 미국의 거래선이 우리 회사를 내방하여 상담을 하게 되었습니다.

거래선의 도착 시각이 임박하자, 직원을 회사 정문에 내보내 맞이하게 하고, 저는 상담실에서 상담 준비 상황을 점검하며 거래선을 기다리고 있었습니다. 약속 시간이 조금 지나서 직원의 안내를 받으며 상담실에 들어온 거래선이 이렇게 말했습니다.

"Mr. Yoo! 늦어서 미안합니다. 그런데 당신 회사 정문을 통과하는데 입장료로 50달러를 내라고 하는 바람에 돈을 내느라고 좀 늦었으니 양해 바랍니다. 그리고 입장료 50달러는 당신이 돌려주기 바랍니다."

우리 직원들은 물론, 그와 함께 온 거래선 방문객들소차 '이 사람이 도대체 무슨 소리를 하는 거야?' 하는 표정으로 그를 바라보고 있을 때, 제가 대답했습니다.

"당연히 돌려드려야죠. 그리고 고맙습니다. 그렇지 않아도 작년에 제가 당신 회사를 방문했을 때 회사 입장료로 100달러를 냈던 것을 잊고 있었는데 오늘 당신이 기억을 깨우쳐줬네요. 그럼 당신이 제게 50달러를 주고 서로 간의 입장료 계산은 끝내는 것으로 합시다."

모두들 크게 웃으며 시작한 그날의 상담 역시 성공적으로 마무리지을 수 있었습니다.

과장 시절 받았던 강사 요원 교육 내용 중에 '강의 중 수강생들로부터 질문을 받았을 때의 대응법'이 기억납니다. 만일 답변이 금방 떠오르지 않는 질문을 받았을 경우에는 어떻게 대응하냐는 질문에 강사가 이렇게 답했습니다.

"그럴 때 저는 이렇게 합니다. '좋은 질문입니다. 그런데 질문하시는 분이 그 문제에 대해 나름대로 생각하고 있는 답은 무엇입니까?'라며 질문자에게 되묻거나, 질문자의 옆이나 앞뒤에 앉은 사람을 지목해서 그들은 어떻게 생각하는지를 묻습니다. 그리고 그들의 대답을 통해 아이디어를 얻어 나만의 답변을 정리하거나, 그들의 답변이 적절하지 않은 경우에는 그들이 말하는 동안 생각할 시간을 벌어서 제대로 된 답변을 정리해냅니다."

저는 상담에서도 그때 배웠던 방식을 많이 사용했습니다. 예를 들어, 거래선이 과도한 가격 인하를 요구할 경우에 "네, 좋은 말씀입니다. 그렇게 화끈하게 가격을 인하해드릴 수만 있다면 저희도 좋겠습니다. 그런데 아시다시피 국제 유가, 구리, 철 등 원자재 가격은 계속 오르는데(물론 원자재 가격은 시황에 따라 오르내림이 있지만, 상담이 있는 시점에서 가격이 오르고 있는 원자재들을 집중적으로 언급하거나 환율변동을 언급함 - 저자 주) 저희가 가격을 낮출 여지가 있다고 보십니까?"라고 되물었을 때, 상대방이 "물론, 쉽지는 않을 거라는 점은 알고 있습니다."라고 나오면 일단 협상의 절반은 성공했다고 볼 수 있습니다.

  이렇게 상담 중 상황에 맞는 유연한 대응이 큰 효과를 발휘할 때마다 '부드러운 것이 강한 것을 이긴다'는 유도의 격언을 떠올리곤 합니다.

내일은
오늘보다 밝다

많은 어른들이 요즘 젊은 사람들을 보며 자신의 젊은 시절과 비교하면 너무나 나약하다고들 이야기합니다. 하긴 이집트의 피라미드에서 발견된 파피루스에도 '요즘 젊은이들은 버릇이 없어.'라고 적혀 있다고 하는 걸 보면, 동서고금을 막론하고 나이든 세대들의 눈에 후배 세대들은 항상 뭔가 부족해 보이나 봅니다.

작년에 신문에서 우연히 '미국 12세 중학교 1학년 소년의 레슬링' 동영상이 인터넷상에서 잔잔한 감동을 주고 있다는 기사를 읽고, 그 동영상을 찾아본 적이 있습니다.

레슬링 대회에 참가하는 게 소원이었던 한 중학교 1학년 학생이 있었습니다. 문제는 그가 뇌성마비 환자여서 혼자서 걷는 것은 물론, 앉을 수도 없다는 점이었습니다. 학생의 소원을 알게 된 그 학교의 코치는 경기에 나서는 상대방 학교의 코치에게 연락을 해서 상황을 설명하고 이해를 구한 뒤, 그를 경기에 참가하게 했습니다.

코치가 혼자서는 앉을 수도 없는 선수를 안아서 경기장 가운데에 눕히자 경기가 시작되었습니다. 잠시 난감한 표정을 짓던 상대방 선수는 이내 마치 정상적인 상대와 경기를 하는 듯이 몸을 낮추고 탐색하는 동작을 취했습니다. 그리고 바로 누워 있는 장애인 선수의 옆에 누워서 업어치기 동작을 몇 차례 시도하다가 결국은 자신이 상대방의 팔에 눌려서 빠져나오지 못하는 듯한 동작을 보인 뒤 항복한다는 신호를 심판에게 보내 경기가 종료되었습니다.

저는 그 동영상을 보면서 열두 살의 나이에 그 정도로 상대방을 배려할 수 있는 중학생의 마음 씀씀이에 한 번 놀랐고, 자기 팀의 선수가 그렇게 패했을 때 모두 박수를 치며 친구의 멋진 패배를 축하해주는 팀 동료들의 모습에도 또 한 번 감동했습니다.

당시 '과연 어릴 때부터 성적 제일주의를 강요받는 분위기 속에서 치열한 경쟁이 익숙해진 우리나라의 어린 학생들에게도 이런 모습을 기대할 수 있을까?' 하는 생각을 했습니다만, 선뜻 긍정적인 답이 나오지는 않았습니다.

그런데 지난주 신문에 보도된 용인의 한 초등학교 운동회 관련 기사를 읽으며 우리나라의 어린이들에게도 희망이 있음을 느꼈습니다. 그 기사에는 용인시 제일초등학교 가을 운동회의 달리기 시합에서 다섯 명의 학생들이 나란히 손을 잡고 결승전에 들어오는 사진이 함께 실려 있었습니다.

사정을 알고 보니, 장애가 있어 매일 꼴찌를 하는 친구를 위해 같은 반 학생들이 벌인 이벤트였다고 합니다. 담임선생님이 장애가 있는 그 친구에게는 마지막 운동회가 될 텐데, 또 꼴찌를 할 게 맘에 걸려 회장에게 이야기했더니, 그가 다른 친구들과 의논한 끝에 그런 아이디어를 냈다고 합니다. 혹시나 역효과가 나서 그 친구 마음에 상처를 주지는 않을까 염려하기도 했으나, 막상 달리기를 마친 후 장애가 있던 그 친구는 너무나 고맙다며 눈물을 흘렸다고 합니다.

저를 포함해서 우리 회사의 신입사원 면접위원으로 들어갔다 나오는 임원들은 이구동성으로 이렇게 말합니다.

"우리 때는 입사하기가 정말 쉬웠던 것 같다. 만일 다시 태어나 이 시대에 신입사원으로 입사해야 한다면 입사의 좁은 문을 통과할 자신이 없다."

그리고 그렇게 좁은 문을 통과한 지 채 1년도 안 된 신입사원들이 당당히 역량을 발휘하며 한 사람 몫을 훌륭히 해내는 모습을 볼 때면, '우리 회사뿐만 아니라 조국의 미래가 참 밝구나!' 하는 생각을 하곤 합니다.

한 집안이 잘되려면 부모보다 자식이 나아야 하고, 한 나라가 잘되려면 앞선 세대보다 새로운 세대가 어떤 면에서든 나아야 하듯, 선배보다 훌륭한 후배들이 속속 들어오는 우리 회사의 앞날이 창창하다고 봅니다.

후배 여러분! 여러분이 우리 회사의 미래이고 희망입니다. 무엇보다 어려운 시황 속에서도 난관 극복을 위해 최선을 다하고 있는 글마실 가족 여러분의 노고에 감사와 성원을 드립니다.

가끔은
고개를 드는 여유

하루하루를 열심히 사는 것도 물론 중요하지만, 가끔은 고개를 들어 멀리 보고 내가 가고 있는 삶이 제대로 가고 있는지를 점검해 볼 필요도 있습니다.

제가 그런 생각을 하게 된 데에는 대학생 때의 경험이 영향을 주었습니다. 당시 저는 학교의 축제 기간이 되거나 중간고사, 기말고사가 좀 일찍 끝나면 간단히 짐을 챙겨서 집을 떠나 일주일간 발길 닿는 대로 전국을 돌아다니곤 했습니다. 때로는 완행기차나 시골 버스를 타고, 때로는 두 발로 걸으며 기차역 대합실 의자에서 잠을 자기도 하고, 마침 고향에 내려가 있는 학교 친구의 집이 있는 지방을 지날 때면 그 친구 집에 들러 하룻밤을 묵기도 하고, 농촌에서 일을 도와주고 숙식을 해결하기도 했습니다.

그때 제가 목표로 했던 것은 '최대한 많은 사람을 만나고, 최대한 많은 경험을 하자'는 것이었습니다. 뭔가를 특별히 배우고자 했다기보다는 그저 세상을 돌아보고 사람들이 사는 모습을 많이 접하다 보면 자연스럽게 내가 가야 할 인생길도 보이지 않을까?' 하는 생각이었습니다.

그렇게 돌아다니던 어느 여름날 폭우가 그친 뒤의 시골 농로를 걷고 있었습니다. 비포장 도로였지만, 차 한 대가 충분히 다닐 수 있을 만큼 비교적 넓은 길이었습니다. 방금 폭우가 그친 뒤였기에 저는 고개를 숙인 채 빗물이 고여 있지 않은 곳을 골라 디디며 앞으로 나아가고 있었습니다. 중간중간 움푹 패여 물이 고인 곳이 많아 한 발을 떼고 나서 다음 디딜 곳을 찾았는데, 발 디딜 곳이 한두 군데밖에 없다 보니 조심조심 발걸음을 옮겨야 했습니다.

그렇게 한참을 걷고 있는데 어느 순간, 앞과 옆이 모두 물 웅덩이여서 한 걸음도 앞으로 나아갈 수 없는 상황에 직면했습니다. 그제야 고개를 들어 지나온 길을 되돌아본 저는 깨닫게 되었습니다. 저 먼 곳, 약 30여 미터 뒤에서 바로 앞에 놓인 물웅덩이를 피하느라 멀리 보지 못하고 한 곳을 선택했던 것이 결국 더 이상 나아갈 수 없는 지점까지 이르게 했음을 말입니다. 먼 길을 다니면서 온통 흙탕물에 젖은 신발을 신고 다닐 수는 없었기에, 저는 다시 왔던 길을 되돌아간 뒤 다른 곳을 택해서 걸었습니다.

이 경험은 '잘못된 길로 왔다는 사실을 깨달았음에도 시간을 되돌릴 수 없는 인생길에서는 가끔씩 고개를 들어 멀리 보고 긴 호흡으로 나아갈 길을 결정하자'는 교훈을 남겼습니다.

브라질 주재 생활을 마치고 귀국했던, 부장 시절의 일입니다. 그룹 연수원에서 200여 명의 신입사원들을 대상으로 강의를 해달라는 요청을 받았습니다. 강의 제목은 '후배들에게 바란다'였는데, 연수원에서 특별히 준비한 자료는 없으니 선배로서 후배들에게 당부하고 싶은 이야기를 편안한 마음으로 두 시간 동안 해달라는 것이었습니다. 사전에 준비된 자료 없이 그냥 강사가 하고 싶은 말을 해달라고 하니 오히려 부담스러웠지만 젊은 후배들을 만나서 제가 지내온 15년의 직장 생활을 돌아보고 그들의 꿈을 들어보는 것도 좋겠다는 생각에 강의를 하기로 결정했습니다.

해외 주재 경험과 해외 시장에서의 상담 경험 등을 이야기하며 진행된 강의가 거의 끝나갈 즈음, 저는 몇몇 신입사원들을 지목해서 10년 후의 자화상을 그려보라고 했습니다.

'수출과장이 되어 선배님처럼 해외 시장을 누비고 있을 겁니다', '빈틈없이 완벽한 관리과장이 되어 있을 겁니다' 등 다양한 이야기가 나왔는데 그중 한 친구의 말에 매우 놀라고 말았습니다.

"저는 커피숍 주인이 되어 있을 겁니다. 사실 제가 삼성에 입사한 것은 10년간 돈을 모아서 커피숍을 운영하기 위한 자금을 모으기 위해서입니다. 저의 꿈은 커피숍을 운영하면서 아내와 아이들과 행복하게 사는 겁니다."

저만큼 다른 신입사원들도 놀랐는지, 강의장에는 몇 초간 정적이 흘렀습니다. 저는 그 고요함을 깨고 이렇게 말했습니다.

"대부분 10년 뒤에는 과장이 되어 있을 것이라는 생각을 기반으로 자화상을 그리는 데 반해 그런 독특한 계획을 갖고 있다는 점, 게다가 그것을 당당하고 솔직하게 말한 점에 대해서는 역시 신세대답다고 이야기해주고 싶습니다. 여기 이 자리에 입사동기로 앉아 있는 여러분이 10년 후에도 전원이 삼성에 근무하고 있으리라고 기대하기 어려운 게 엄연한 현실이니 그런 계획을 두고 뭐라고 할 수는 없을 것입니다. 다만, 입사 초기 10년간을 볼 때 삼성이 국내에서 최고의 연봉을 주는 기업도 아닌 것으로 아는데, 커피숍을 열기 위한 자금을 마련하기 위해서라면 다른 길도 많지 않았을까 하는 생각이 듭니다.

지금 이 자리에 있는 여러분 한 사람 한 사람은 그 자리에 앉고 싶어서 밤잠을 이루지 못하는 수십 명의 젊은이들을 대신해 이곳에 와 있다는 사실을 기억하기 바랍니다. 그렇다면 여러분이 앞으로 살아갈 직장 생활의 목표가 단기간에 목돈을 만들어서 퇴사하겠다는 것보다는 좀 더 커야 하지 않을까 생각합니다. 그것은 이 직장에 자신의 삶을 온전히 걸고자 했던, 어쩌면 여러분 개개인이 그 기회를 빼앗아버린 이름 모를 수십 명의 젊은이들에 대한 최소한의 도리이기도 합니다.

오늘 제가 선배로서 여러분에게 해주고 싶은 이야기는 인생을 바라보는 시야를 최대한 넓고 크게 가져달라는 것입니다. 저는 이 자리에 있는 여러분 정도의 대한민국 젊은이들이라면 구태여 삼성에 다니지 않더라도 가족을 먹여 살리는 일은 그리 크게 어렵지 않을 거라 생각합니다. 다만 '그 많은 입사 지원자들 중에서 내가 선발되어 이 자리까지 오게 된 데에는 좀 더 큰일을 하고 조국의 발전에 기여하라는 시대적 요구가 있지 않았을까?' 하는 마음으로 직장 생활을 해달라고 주문하고 싶습니다. 그렇게 하면 여러분 모두 분명히 훗날 한 점 아쉬움이 없는 직장 생활을 했노라고 말할 수 있으리라 믿습니다.

커피숍을 차리겠다는 친구의 개인적인 목표가 잘못되었다는 뜻으로 이런 말을 하는 것은 아니니 오해 없기 바라며 여러분의 목표가 모두 이루어지기를 기원합니다."

강의를 마치고 연단을 내려오는데 신입사원들이 일제히 책상을 두드리며 환호성을 질렀습니다. 이번 일로 저 또한 발을 헛딛지 않기 위해 매일매일 발밑을 보며 인생길을 걷는 것도 중요하지만, 가끔은 고개를 들어 넓고 큰 세상을 보며 삶의 길이 제대로 된 방향으로 가고 있는지를 살펴봐야겠다는 다짐을 다시금 할 수 있었습니다.

영화 〈명량〉(2014)에서 이순신 장군 역을 맡아 선 굵은 연기를 보여줬던 최민식 배우는 한 인터뷰에서 〈명량〉이 한국 박스오피스를 달구고, 할리우드 진출작인 〈루시〉(2014)도 미국에서 1위를 차지했으니 제3의 전성기를 누리고 있는 것 아니냐고 추켜세우는 기자에게 이렇게 말했습니다.

"나이가 드니깐 오르내리는 게 크게 기쁘지 않고 크게 슬프지도 않다. 나도 이제 내려가겠지 하는 생각이다. 인생이란 그런 게 아닌가?"

저는 이 인터뷰를 보고 멋진 장군에 멋진 배우라는 생각을 했습니다. 이렇게 좀 더 긴 호흡으로 삶 전체를 조망해보고 때로는 시야를 더 넓혀서 역사를 살펴본다면 하루하루의 삶에 매몰되어 몸과 마음을 상하게 하는 일은 피할 수 있지 않을까 싶습니다. 글마실 여러분도 이번 주말에는 자신이 지나온 길을 되돌아보고 앞으로 나아갈 길을 생각해보는 시간을 가져보기 바랍니다.

주변을
밝히는 삶

　어느덧 11월의 마지막 주말이 왔습니다. 요즘 연일 언론에 보도되듯 다음 주에는 그룹의 임원 인사가 있다고 하니 이번이 여러분에게 보내는 마지막 글이 될 듯해서 오늘은 '삶을 대하는 자세'에 대해 이야기해볼까 합니다.
　제가 희망하는 삶은 '제가 있음으로 해서 조금이라도 주변의 세상이 밝아지는 삶'입니다. 무슨 대단한 종교적인 의미가 담겨 있다기보다 그저 주위 분들께 폐를 끼치며 살지 말자는 뜻입니다.
　그런 내용으로 글을 쓰려고 마음먹고 보니 마침 몇 달 전에 우리 글마실 직원으로부터 받았던 청탁(?)이 떠올랐습니다. 그는 제가 사업부장 시절 소통포럼에서 말했던 일화가 기억에 남으니 못 들었던 사람들을 위해 위클리 메일에 그 이야기를 다뤄달라고 했습니다. 마침 그 내용이 오늘의 주제 '주변을 밝히는 삶'과도 관련이 있겠다는 생각에 소개하려 합니다.

브라질에 주재하던 20년 전 본사의 전략회의에 참석하기 위해 귀국하던 길이었습니다. 당시 브라질에서 한국으로 오는 비행기의 출발 시각은 자정을 넘었기 때문에 귀국할 때는 항상 당일 회사 업무를 마친 뒤 집에서 저녁을 먹고 공항으로 향하는 수순을 밟아야 했습니다.

그날도 비행기에 탑승했을 때는 이미 저녁을 먹은 상태였습니다. 비행기가 이륙하자 여승무원이 잠자고 있는 저를 깨워 식사를 권하기에 안 먹겠다고 하고 다시 자려는데, 그녀가 "식비가 이미 항공권 가격에 포함된 것이니 입맛에 안 맞더라도 좀 드세요."라고 권했습니다. 다시 안 먹겠다는 제게 "드시다가 남겨도 좋으니 좀 드세요."라기에 "그럼, 맥주나 한 캔 주세요." 했더니 한사코 밥에 맥주까지 가져다주는 것이었습니다.

'재미있는 아가씨군!' 하고 생각하며 맥주만 마시고 밥은 그대로 물렸습니다만, 그때부터 그 승무원이 일하는 모습에 주목하게 되었습니다. 상파울루에서 LA까지 오는 동안 그녀는 항상 웃는 얼굴로 승객들을 살피며 부지런히 일하고 있었습니다. 특히, 어린아이가 통로를 아장아장 걸어 다니는 것을 보고 위험하다는 생각이 들 때면 어디선가 어김없이 나타나서 얼른 아이를 안고 달래며 엄마에게 데려다주었는데, 그 모든 행동이 너무나 자연스러웠습니다.

그렇게 LA에 도착하기 두 시간쯤 남았을 때, '저런 직원은 꼭 우수사원으로 추천해줘야겠다'는 생각에 다른 승무원을 불러서 '고객의 소리'를 적는 용지를 가져다 달라고 부탁한 뒤, 이렇게 썼습니다.

'승무원 한 사람이 웃는 얼굴로 열심히 일하는 모습이 너무 아름다워 열 시간이 넘는 장거리 비행의 피곤함도 잊었습니다. 일하는 모습만으로도 주변을 밝혀줄 수 있다는 사실을 오늘 알게 되었습니다. 장거리 비행의 목적지가 다가오는 게 아쉽게 느껴지는 건 이번이 처음인 것 같습니다. 수고하셨습니다.'

그리고 봉투를 봉하지 않은 상태로 그 친절한 승무원이 지나갈 때 조용히 불러서 "이 봉투를 사무장에게 전해주세요."라고 말했습니다. 그러자 그 승무원은 "혹시 저희가 실수한 것이라도 있는지요?"라며 불안해했습니다. 순간, 장난기가 발동한 저는 이렇게 말했습니다.

"상파울루에서 출발할 때 밥 먹기 싫다는 사람을 깨워서 굳이 먹으라고 강요하는 바람에 잠을 설쳤는데 이는 아무리 생각해도 승객을 위한 서비스는 아닌 것 같아서 개선이 필요하다는 내용을 좀 적었습니다."

그러자 승무원이 "어머! 정말 피곤하셨나 봐요. 저는 그런 줄도 모르고, 이를 어쩌죠? 정말 죄송합니다."라며 거의 울상이 되는 것이었습니다. 거기서 더 농담을 했다가는 정말 울 것 같아서, "나쁜 내용을 적지는 않았으니 너무 걱정 마시고 사무장께 전달해주세요."라고 웃으며 말했습니다.

그러다 LA 도착이 임박해서 승무원들이 간단한 청소를 할 때였습니다. 앞에서부터 신문지를 주워서 비닐 봉투에 담으며 오던 그 승무원이 제 자리에 오자 낮은 목소리로 "감사합니다."라며 발 밑으로 비닐 봉투 하나를 밀어 넣는 것이었습니다. 제가 "무언가를 받으려고 고객의 소리를 적은 것이 아니니 이럴 필요는 없습니다. 그냥 가져가세요."라고 하자 그녀는 작은 목소리로 "아닙니다. 정말로 별것 아닌데 제가 드릴 게 없어서 그러니 제 마음을 담았다고 생각하고 받아주세요." 하며 얼른 지나쳐 가는 것이었습니다. 남들

눈에 띌까 봐 신경을 쓰는 듯해서 저도 더 이상 거절할 수가 없었습니다. 봉투를 열어보니 그 속에는 기내에서 승객들에게 나눠주는 땅콩 50봉지가량이 들어 있었습니다. 정말 마음이 담긴 선물이라는 생각에 저는 조용히 웃었습니다.

 LA에서 주유와 기내식 선적, 승무원 교대, 기내 청소 등을 위해 한 시간 정도 기착했다가 다시 열두 시간을 날아서 서울에 도착해 찾아간 처가에서 땅콩 선물을 받게 된 자초지종을 말했습니다. LA에 기착해서 잠시 비행기에서 내릴 때 그 여승무원이 통로 옆에 서 있다가 지나가는 제 팔을 살며시 잡으며 "고맙습니다. 저희 승무원들은 이곳 LA에서 교대하지만 손님과는 언젠가 다시 만날 날이 꼭 있을 거예요."라고 말했던 것까지 말씀드리자, 긴장해서 듣던 장모님이 이렇게 말씀하셨습니다.

 "아니, 이 사람아! 결혼했다고 말하지 그랬어!"

 그런 장모님께 염장을 지르는 짓궂은 사위 왈.

 "장모님, 무슨 말씀이세요. 오늘처럼 제가 결혼한 몸인 것을 후회한 적이 없는데요. 아무래도 공연히 서둘러 결혼해서 좋은 기회 많이 놓치는 게 아닌가 싶습니다."

 마치 옛날 유행가 가사처럼 이제는 '이름도 모르고 성도 모르는 사람'이지만 그 승무원과 같은 사람이야말로 바로 주변을 밝히는 삶을 실천하는 인물이 아닐까 생각합니다.

2년 전 해외 거래선의 사장과 임원진이 우리 회사를 방문했을 때의 일입니다. 그날은 사내 VIP 식당에서 점심 식사를 했는데, 내방객과 우리 회사의 임원진 등 참석한 모든 사람들의 식탁에 생수가 한 병씩 놓여 있었습니다.

그런데 모든 사람들이 자리에 앉고 잠시 후 식사가 제공되자, 식당에서 근무하는 아주머니가 내방객 중 한 분에게만 따뜻한 차를 별도로 갖다 드리는 것이었습니다. 워낙 조용히 전달했기에 다른 사람들은 그 모습을 보지 못했습니다. 하지만 맞은편에서 그 모습을 본 저는 '왜 저분께만 따뜻한 차를 드리는 걸까?' 하는 의문을 가졌고, 그 외국인 손님도 왜 자신에게만 차를 주는지 의아해하며 아주머니에게 묻고 싶어하는 눈치였습니다. 그래서 제가 여쭤봤더니, 아주머니가 이렇게 답하셨습니다.

"조금 전에 말씀을 하실 때 목소리를 들으니 감기에 걸리신 듯해서 냉수보다는 따뜻한 차가 좋을 것 같아 준비했습니다."

그날 손님들이 얼마나 크게 감동했는지는 그 자리에 함께했던 저희도 느낄 수 있을 정도였으니, 그날 상담이 좋은 분위기에서 진행된 것은 당연한 결과일 것입니다. 저는 그날 또 한 번 그 아주머니의 모습에서 '주변을 밝히는 사람'의 모습을 봤습니다.

그냥 묵묵히 자신의 일을 하며 자연스럽게 주변에 밝은 웃음과 행복을 번져나가게 하는 삶. 한 사람, 한 사람이 그런 마음으로 생활한다면 직장 생활 또한 그리 견디기 힘든 일만은 아닐 거라 생각합니다.

보내지 못한
마지막 위클리 메일

글마실 가족 여러분, 모두들 잘 지내고 있는지요? 저는 30년간의 직장 생활에서 '놓여나' 또 다른 세상에서의 삶을 즐기는 방법을 배워가고 있습니다.

흔히들 오래 다니던 회사를 떠나면 '시원섭섭하다'고 말합니다. 저는 '시원하다'라고 할 것까지는 없지만 그렇다고 '섭섭하다'고 할 것도 없는, 그저 '아무런 아쉬움이 남지 않는 멋진 직장 생활을 할 수 있었음에 감사하는' 마음뿐입니다.

굳이 말하자면, 여러분에게 매주 한 편씩 보내던 글을 이제는 안 보내도 된다는 점이 가장 시원섭섭합니다. 사실 여러분에게 전하고 싶은 내용이 너무 왕성하게 떠올라 생각이 타이핑보다 앞서 달려가는 날에는 빠른 시간 내에 한 편의 글을 완성할 수 있었습니다. 하지만 어떤 날은 토요일 아침 출근할 때까지도 어떤 내용을 써야 할지를 정하지 못해 고민하기도 했으니 그런 짐을 내려놓은 저의 시원섭섭함을 여러분도 이해할 수 있으리라 믿습니다.

여러분에게 보냈던 위클리 메일의 첫 문장, '글마실 가족 여러분'을 타이핑하기 시작하여 '전송 키'를 누르기까지 매주 토요일 약 한 시간 반 정도의 시간이 소요되었으니, 시간상으로는 그리 크게 부담스런 일은 아니었습니다. 하지만 딱히 생각이 정리되지 않는 날에는 일주일에 한 번이라는 시간이 마치 '없는 집 제사 돌아오듯' 하는 것만 같았습니다. 그럼에도 출장이 있든, 교육이 있든, 어떤 경우에도 여러분과 함께한 지난 1년간 단 한 번도 빠뜨리지 않고 매주 '꾸역꾸역' 글을 보낼 수 있었다는 점에 대해 다행스럽게 생각합니다.

회사를 떠나기 전주의 금요일, '다음 주에는 그룹의 임원 인사가 있다고 하니 이 글이 여러분에게 보내는 마지막 글이 될 듯합니다.'라는 위클리 메일을 전송하고, 사업부장급의 워크숍 참석을 위해 부산으로 출장을 떠났습니다. 부산 김해 공항에 도착해 부산 공장으로 이동하는 차 안에서 휴대전화를 켜서 메일함을 확인한 순간, 저는 깜짝 놀라고 말았습니다.

　김포 공항으로 향하기 직전에 보냈던 그 위클리 메일에 대해 여러분이 보내준 수십 통의 회신이 있었습니다. 그 내용은 대부분 다음과 같았습니다.

　'마지막 글이라니요! 그런 일은 절대로 없을 겁니다.'

　'전무님께 그런 일이 생기지 않도록 저희들이 기도하겠습니다.'

　'전무님, 이번에 하신 말씀도 그냥 전무님이 좋아하시는 농담으로 이해하면 되는 거죠?'

　이렇게 마음이 따뜻해지는 메일들을 보며 '내가 참 많은 사람들에게 신세를 지고 있구나. 고마운 사람들!' 하고 생각했습니다. 하지만, 한 해의 실적이 계획에 미달하면 당연히 누군가는 책임을 져야 하고, 그 '누군가'는 바로 글로벌 마케팅실을 맡고 있는 제가 되어야 한다고 여겼기에 이제 떠날 때가 되었음을 저는 알고 있었고, 그래서 이렇게 적절한 시점에 회사를 떠날 수 있었음을 다행스럽게 생각합니다.

　2014년 12월 3일. 제가 회사를 떠나던 날을 다시 떠올려봅니다. 아침 일찍 퇴임 통보를 받고 제일 먼저 한 일은 여러분에게 보내는 마지막 작별인사를 작성하는 것이었습니다.

    글마실 가족 여러분,
    제가 오늘 부로 회사를 떠나게 되었습니다. 지난주에 보내드렸던 글에 '이번에 보내드리는 것이 마지막 글이 될 듯하다'는 것과 함께 제가 생각하는 삶의 길에 대해서도 전해 드렸으니 이제 더 이상 긴 말씀 드릴 것 없이, 그동안 고마웠다는 말로 마지막 인사에 대신합니다.
    모두들 항상 건강하시고 건승하시기 바랍니다.
    여러분과 함께할 수 있어서 행복했습니다.

    그 글을 보내고 잠시 제 사무실의 사물을 정리하는데 눈이 벌겋게 된 채로 제 방을 찾아와서 "어떻게 이런 일이……."라며 말을 잇지 못했던 사람도 있었고, "저희가 잘못 모셔서 이렇게 되었습니다. 죄송합니다."라고 말해 저를 더욱 미안하게 만든 사람도 있었고, 그저 아무 말도 못하고 고개를 푹 숙인 채 서 있는 사람도 있었습니다. 저는 그런 여러분에게 "고맙네. 덕분에 잘 지내고 가네."라는 말과 함께 작별인사를 하며 사물을 정리하고 있었을 때만 해도 제 방 밖에서 어떤 상황이 벌어지고 있는지 몰랐습니다.

대충 책상과 책장의 사물을 정리한 뒤, 마지막으로 글로벌 마케팅실을 한 바퀴 돌면서 여러분과 작별 인사를 해야겠다는 생각으로 제 방을 나가고서야 여러분이 사무실 복도에 도열하다시피 서 있었음을 알게 되었습니다.

"어이쿠, 이 사람들아! 이렇게 기다리고 있었으면 귀띔이라도 해주지. 그런 줄 알았으면 얼른 방에서 나올걸. 공연히 자네들 일만 못 하게 만들었구먼." 하고 말은 했지만 점점 가슴이 먹먹해지는 것을 느끼며 사무실을 돌아야 했습니다.

그렇게 작별 인사를 나누는 동안 "전무님, 건강하세요!"라고 외치며 박수를 쳐주는 부서원들에게는 "그래, 자네들도 건강하게."라고 손을 흔들어줬고, 차마 인사를 못하고 돌아서서 눈물을 훔치는 여사원들에게는 "아니, 이렇게 좋은 날에 웃어야지, 왜 눈물을 보여?"라고 말했습니다.

하지만 이러다가 자칫 마지막 떠나는 길에 추한 모습을 보이겠다는 생각이 들어 서둘러 차에 올랐고, 그제야 '아! 이제야 무거운 짐을 내려 놓았구나!' 하며 안도할 수 있었습니다.

회사를 떠나 집으로 향하는 길에 여러분으로부터 무수히 많은 문자 메시지를 받았습니다. 그날 사무실에서 작별 인사를 나눴던 글로벌 마케팅실의 가족들은 물론 해외 출장 중에 소식을 듣고 문자를 보낸다는 직원, 해외 법인의 직원, 다른 사업부의 직원 등 모두가 수많은 문자와 메일을 통해 그동안 저와 함께 근무할 수 있었던 것에 대한 감사 인사와 더불어 제가 앞으로 걸어갈 길에 대한 격려와 축원을 해줬습니다.

여러분이 보내준 글들은 '그래도 내가 30년 직장 생활을 잘못하지는 않았구나.' 하는 생각을 갖게 해줬습니다. 그리고 그 메일에 '전무님이 그동안 매주 보내주셨던 글을 이제 못 받는다고 생각하니 너무 서운합니다. 위클리 메일을 묶어서 꼭 책으로 만들어 주세요.'라는 부탁이 많은 것을 보고 그동안 제가 여러분에게 매주 보냈던 글을 다시 한 번 꺼내보았습니다. 그리고 이렇게 책으로 낼 용기를 얻게 되었습니다.

이래서 '모든 것은 마음먹기 나름(일체유심조[一切唯心造], 모든 것은 마음이 만들어낸다는 뜻)'이라고 하나 봅니다. 솔직히 우리 글로벌 마케팅실이 많은 질타를 받을 때는 견디기 힘들었던 적도 많았습니다. 그러나 그런 시련이 없었다면 제가 여러분에게 보내는 글도 매주 평이했을 테고, 미흡하나마 그 글을 통해 글마실 가족들이 서로 마음을 열어 '가족'임을 느낄 계기도 없었을 것이며, 제가 이렇게 '삶의 중간 정리를 해보자'는 객기를 부릴 만큼 기댈 수 있는 언덕이 없었을 거란 생각이 듭니다.

글마실 가족 여러분, 여러분과 함께할 수 있어서 행복했습니다. 여러분 모두의 앞길에 항상 건강과 행복이 가득하길 기원합니다. 고맙습니다.

에필로그

지금도 어디선가 뛰고 있을 영업 후배들에게

오래전에 회사를 떠난 직장 선배님을 얼마 전에 만났습니다. 그분이 제게 이렇게 인사를 건네셨습니다.

"아! 독립군! 오랜만입니다. 그동안 잘 지냈습니까? 그런데 그 시절에 왜 우리가 유 형(兄)을 '독립군'이라고 불렀었죠? 유 형을 본 순간 독립군이라는 단어가 떠올랐는데, 정작 왜 그 단어가 자동으로 생각났는지는 가물가물하네. 이게 치매 증세인가?"

그분의 말씀에 오래전의 일이 떠올랐습니다.

지금으로부터 약 25년 전 대리 시절의 일입니다. 어느 날 회사

사보의 가족 투고란에 제 아내의 글이 실렸습니다. 제목은 '독립군의 아내'.

내용을 요약하자면 이러했습니다. 결혼 전에 남편으로부터 '정치적으로는 독립했지만 경제적으로는 아직 독립하지 못한 나라에 태어난 남자로서 나는 세계를 누비는 경제 독립군으로 살 것이다, 그러니 당신은 그런 사람의 아내로 살 각오가 되어 있다면 나와 만나고, 매일 남편과 저녁 식사를 함께하는 인생을 꿈꾸고 있다면 헤어지자'는 말을 듣고서 결혼하긴 했지만, 이 정도일 줄은 몰랐다, 하지만 내가 결정해서 한 결혼인 만큼 후회하지 않고 열심히 내조해서 남편이 진정한 독립군으로 살아갈 수 있도록 하겠다는 것이었습니다.

그 글이 실린 이후, 한동안 사내에서 저의 별명이 '독립군'이 되었는데 저도 잊고 있던 일을 그분이 일깨워주신 겁니다.

30년 전 제가 입사했던 시절에는 전 세계 전자 업계에서 일본 업체들의 영향력이 워낙 강해 모든 신입사원들은 업무가 끝난 뒤 사내에서 일본어 회화 강좌를 들어야 할 정도였습니다. 그만큼 전자업계에서 일본업체들의 위상은 기술력으로나 생산규모 면에서 절대적이었습니다. 지금은 텔레비전, 휴대전화 등 세트(SET) 시장에서 일본업체들의 존재감이 거의 느껴지지 않을 정도로 그 힘이 많이 약화된 것이 사실입니다. 하지만 전자부품 업계에서는 세계 최고의 자리에 일본 업체들이 아직도 각 분야에서 오랜 기술력을 바탕으로 포진해 있어 지난 30년간 제가 세계 유수의 PC, 텔레비전, 휴대전화 업체를 대상으로 부품 영업을 하면서 경쟁했던 상대는 거의 예외 없이 일본 업체들이었습니다.

10여 년 전 유럽 판매법인장으로 부임한 첫해의 일입니다. 매년 가을이 되면 당시 세계 최대의 휴대전화 회사가 전 세계의 부품 공급업체들을 초청해서 '서플라이어 데이(Supplier Day)'를 개최하곤 했습니다. 하루 온종일 휴대전화 시황과 자신들의 비즈니스 현황 및 향후 발전 방향, 구매 정책 등에 대해 설명하고 만찬까지 이어지는 회의였는데 저는 당시 회사를 대표해서 그 자리에 처음 참석하게 되었습니다. 회의에 참석한 약 70여 개 회사의 대표 중 극히 일부를 제외하고는 대부분 일본 회사에서 온 사람들이어서 회의장 분위기는 마치 일본 전자부품협회 총회에 참석한 것 같은 착각이 들 정도였습니다.

그날 만찬 자리에서 저와 한 테이블에 앉았던 일본 회사의 대표가 저와 명함을 교환했는데, 그가 이렇게 말하는 것이었습니다.

"아! 삼성전기도 이런 자리에 초대를 받았습니까?"

그러면서 저를 쳐다보던 그 표정이 아직도 잊히지 않습니다. 당시 소규모 거래가 성사되어 처음 동 회의에 참석하게 되었던 저는, 엷은 미소를 지으며 상대를 깔보듯이 말하던 그의 얼굴을 보며 '두고 봅시다. 당신의 머릿속에 삼성전기라는 단어가 각인되도록 만들어주리다.'라고 다짐했습니다. 그 후, 결국 그 회사가 거의 독식하고 있던 부품 시장에 저희도 진입하여 매년 규모를 확대함으로써 그날의 수모를 어느 정도 되갚아줬습니다만, 제가 현장을 뛰었던 지난 30년은 일본 경쟁사들과 싸워온 날들의 연속이었다고 해도 지나치지 않을 것입니다.

온 힘을 다해서 뛰어온 지난 30년. 선배님들로부터 넘겨받았던 바통을 들고 주어진 구간을 달려온 제가 이제 그 바통을 후배들에게 넘깁니다. 반도체, 디스플레이 등 일부 분야에서는 우리나라 기업들이 세계 시장에서 두각을 나타내고 있습니다. 하지만 범용부품 시장에서는 아직도 '일본의 부품회사들에게 천재지변 등의 문제가 생긴다면 전 세계 전자업계의 공장들은 가동을 중단할 수밖에 없다'고 말할 정도로 일본계 부품회사들의 위상이 확고합니다.

그런 현실을 감안하면 저의 후배들이 앞으로 뛰어야 할 구간도 만만치 않게 힘드리라 생각됩니다. 제가 달린 구간에서 선두를 추월하지 못하고 선두주자와의 간격을 조금만 좁힌 채 바통을 넘겨

주어 미안합니다만, 어느 날엔가 후배들이 선두를 제치고 맨 앞으로 나아갈 것이라 믿습니다. '어느 곳에 있더라도 항상 후배 여러분을 응원하겠다'는 약속과 함께 기쁜 마음으로 바통을 넘깁니다.

지난 30년을 돌아보면 영업이 제게 가르쳐준 소중한 교훈은 바로 '삶에 대한 긍정적인 자세'가 아니었나 생각합니다. 오랫동안 공을 들인 수주에 성공해서 날아갈 듯이 기쁜 적도 있었고, 프로젝트를 놓치고 마음 아팠던 날도 있었습니다. 어느 경우에든 마음을 추슬러 긍정의 눈으로 올려다보면 먹장같이 짙은 먹구름이 낀 하늘에도 항상 태양은 있었습니다.

항상 을의 입장에서 행동하는 '겸손'과 상대방의 입장에 서서 생각하는 '배려' 또한 제가 영업을 통해 배운 소중한 덕목입니다. 한껏 몸을 낮춘 제게 더 낮은 자세를 강요하는 상대방에게 간혹 머리를 치켜드는 제 자신을 보며 아직도 수양이 부족하다는 생각을 하곤 하지만, 그래도 영업이 가르쳐준 이 교훈들이 앞으로 저의 인생 2막을 살아가는 데 소중한 밑거름이 되리라 생각합니다.

감사의 말

　지나온 길을 돌아보며 감사의 말씀을 드릴 분들을 떠올리니, 그 분들의 존함만 적어도 책 한 권이 될 수 있겠다는 생각이 들 정도로 제가 참 많은 분들께 신세를 지고 도움을 받아왔음을 새삼 느낍니다.
　먼저 어머니께 감사드립니다. 자식들이 몸이 아프면 들쳐 업은 채 신작로를 걷고 기찻길을 건너 30여 분이 걸리는 학교까지 가서 선생님께 보여드리고, 조퇴를 시키는 한이 있더라도 학교는 절대로 결석하지 못하게 해서 자식들을 모두 초등학교 6년간 개근상을 받게 하신 어머니. 우등상보다 개근상 받는 것을 더 대견해하셨던 어머니 덕분에 저희 다섯 남매는 '성실하게 사는 삶'을 자연스럽게 배우며 자랄 수 있었습니다.

어린 시절, 집 울타리 안에 사과나무, 배나무, 감나무, 포도나무, 앵두나무, 대추나무, 자두나무 등 온갖 유실수와 흑장미, 백장미, 라일락, 수국 등 꽃나무와 화초를 빼곡히 심어서 동심의 나래를 활짝 펼칠 수 있게 해주셨던 아버지. 비록 박봉에 시달리는 공무원이었지만 마음만은 항상 부유하셨던 아버지 덕에 저희는 가진 것 없어도 마음은 가난하지 않은 자식으로 자랄 수 있었습니다.

회사 생활 3년간 모은 돈에다 빚을 보태서 얻은 작은 전셋집에서 신혼살림을 시작하겠다는 제게 선뜻 딸의 결혼을 승낙하셨던 장모님. 그 딸이 이제 쉰 살이 넘었건만 지금도 틈만 나면 "남편에게 잘해라. 집안이 편안해야 남자가 밖에서 큰일을 할 수 있다."라고 하시는 장모님을 뵐 때마다 저는, 암행어사가 되어 몰래 찾아간 춘향의 집에서 사위의 장원급제를 위해 기도하는 장모의 모습을 보며 '내가 어사 된 것이 우리 선영 덕인 줄 알았더니 여기에 와서 보니 우리 장모의 덕이 반절이로구나'라는, 『춘향전』의 '춘향모 어사 상봉 대목'을 떠올리곤 합니다.

결혼 후, 매년 전셋집을 옮겨 다닐 때나, 브라질, 독일로 주재를 나가고 들어올 때, 이삿짐 싸는 것조차 도와주지 못하고 출장을 다니는 남편에게 싫은 내색 한 번 없이 바깥 일에만 전념할 수 있도록 해준 아내. 브라질 주재 시절, 24시간 이상 비행기를 타고 오신 분들이니 한식이 드시고 싶을 거라며 주재 기간 내내 본사에서 출장 온 분들을 꼭 집으로 초대해서 소박한 반찬일지라도 한 끼 식사를 대접했던 아내. 아직까지도 남편과 두 아들을 챙기느라 정작 자신을 돌보는 일은 항상 뒷전인 그녀는 바르게 자라준 두 아들 – 영선, 준선 – 과 함께 언제나 저의 가장 든든한 우군입니다.

    5년간의 유럽 주재 생활을 마치고 귀국해서 맞이한 첫 연말, 대기업의 임원인사로 안에서는 떠들썩해도 퇴임임원 명단이 보도되지는 않으니, 문득 '그동안 해외에 주재하느라 형제자매들이 연말이면 내 거취에 대해 궁금해하는지도 모르고 지내왔던 건 아닌가' 하는 생각이 들었습니다. 그래서 저는 "사상 최대 규모의 승진인사가 단행된 만큼 한쪽에서는 그만큼 많은 임원들이 자리를 떠났습니다만, 저는 가족 여러분의 기도와 성원 덕분에 올해도 무탈하게 한 해를 넘깁니다. 감사합니다."라는 문자를 보냈습니다. 그러자 메시지를 보낸 뒤 채 3분이 지나지 않아 "재경아, 궁금한데도 네게 직접 물어볼 수 없어서 인터넷 신문만 뒤지고 있었다. 좋은 소식 줘서 고맙다.", "재경아, 애썼다. 고맙다.", "재경아, 고마워. 사랑해.", "오빠, 좋은 소식 고마워. 축하해." 등 이렇게 형, 누나, 동생들로부터 거의 동시에 밀려드는 답신을 보며, 저도 모르게 코끝이 찡했습니다.

20여 년 전 어느 날 저의 상사이신 임원이 절 부르시더니 "유 과장, 내일 전사 조직 발표가 있는데 자네를 이번에 신설되는 브라질 상파울루 사무소장으로 발령을 내도 되겠냐고 인사팀에서 연락이 왔기에 그렇게 하라고 했네."라고 말씀하셨습니다. 그 옆에 앉아 있던 부장이 "왜 그동안 유 과장이 선진국의 좋은 자리에 주재원으로 거명될 때마다 유 과장은 본사에서 일 좀 더 해야 한다며 막으시더니 맨땅에 헤딩하는 자리에는 선뜻 보내십니까?"라고 물었습니다. 그러자 그분이 저를 보며 "자네도 그렇게 생각하나? 브라질로 보내서 섭섭한가?"라고 물으시기에, 이렇게 대답했습니다. "아닙니다. 바둑판에서 바둑돌을 놓을 때는 기사가 그리는 그림이 있겠죠. 마음 써주셔서 감사합니다."

아직도 저는 그분께 "그때 왜 저를 브라질로 보내셨습니까?"라고 여쭤보지 않았습니다. 하지만 항상 부하 직원들을 위해 깊이 생각하고 결정하시는 분임을 잘 알았기에 저를 위한 결정을 하셨을 거라는 믿음이 있었고, 그 기대에 어긋나지 않아야겠다는 마음으로 더 열심히 뛰었습니다. 그 덕분에 젊은 시절 돈 주고도 살 수 없는 다양한 경험을 지구 반대편에서 할 수 있었습니다. 그때의 경험이 저의 삶 전체에 큰 영향을 미쳤기에 아직도 그분께 평생 갚을 수 없는 큰 은혜를 입었다고 생각합니다.

지나온 삶의 길 전체는 물론 직장 생활 30년만 돌아봐도, 부족한 저에게 항상 아낌없이 도움을 주신 수많은 선배님들과 동료들이 떠오릅니다. 그분들을 한 분씩 거명하는 것조차 예의에 어긋나는 일임을 알기에 차마 존함을 명기하지 못하겠습니다만, 그 모든 분께 다시 한 번 감사드립니다. 그리고 항상 최선을 다해서 뛰어준 후배 부서원들 모두에게도 정말 고마웠고, 부족한 선배로서 많이 미안했다는 인사를 드립니다. 여러분의 사랑과 지원 덕분에 제가 인생 1막을 무사히 마칠 수 있었습니다.

회사를 떠난 제가 사회에 잘 적응할 수 있도록 지난 1년 간 꼼꼼하게 챙겨주신 인지어스의 이주연 이사, 이현석 수석께 감사드립니다. 세심하게 챙겨주신 두 분 덕분에 제가 삼성 밖의 세상에 연착륙할 수 있었습니다.

마지막으로 제가 30년간 세계를 돌며 경험하고 느꼈던 이야기를 엮어낼 수 있도록 도와주신 다산북스의 김선준 팀장, 변민아 편집자 두 분께도 깊은 감사를 드립니다. 두 분을 만난 것은 인생 1막을 마무리하면서 제가 맞았던 최고의 행운이었습니다.

추천의 글

● 저자는 삼성에서 30년을 근무했다.

한 직장에서 30년을 근무하려면 3단계의 다리를 잘 건너야만 가능하다고 한다.

첫 번째 10년은 'because of(~때문에)',
두 번째 10년은 'in spite of(~임에도 불구하고)',
세 번째 10년은 'owing to(~덕분에)'라는 다리이다.

직장을 선택할 때는 어떤 것을 좋아하기 '때문에' 그 직장을 택하므로 10년은 지낼 수 있다. 그러나 10년 안에 그 이유가 변하거나 충족되지 못하더라도 계속 근무하려면 '그럼에도 불구하고' 그 직장을 좋아해야 또 10년을 다닐 수 있다. 이렇게 20년이 지나면 다시 문제점과 전직 사유가 발생할 수 있겠지만 여기서 또 10년을 더 근무하려면 직장 '덕분에'라는 고마움이 생겨야 30년이라는 긴 세월을 한 회사에서 지낼 수 있다.

이 책은 저자가 삼성에서 30년이나 근무할 수 있었던 비결이 무엇인지, 또 어떻게 직장인으로서 가장 도전적인, 아니 불가능한 과제인 '스트레스 없는 직장을 만들려는 유쾌한 실험'을 시도할 용기를 가진 임원이 될 수 있었는지, 30년간 근무하면서 지구 100바퀴를 돌며 글로벌 현장에서 어떻게 많은 경영의 교훈과 지혜를 체득할 수 있었는지, 그 비밀과 해답을 진솔하고 재미있게 전한다. 일단 손에 잡으면 놓지 못하고 끝까지 읽고 싶어지게 하는 마력도 있다.

아마 독자의 처지에 따라 읽는 맛이 다를 것 같다. 현직에 근무하는 직장인은 실무에 적용할 수 있는 다양한 좋은 사례를 찾을 수 있고, 현직을 떠난 사람은 저자의 이야기에 크게 공감하면서도 애틋함, 그리고 그리움과 부러움을 느낄 것이다.

저자의 훌륭한 인품과 풍부한 글로벌 경영 경험, 뛰어난 유머 감각을 잘 아는 나로서는 책을 읽으면서 공감과 그리움을 넘어 시공간을 초월하여 책 속에서 함께 여행하는 짜릿한 즐거움도 맛볼 수 있었다. 기회가 다시 주어진다면 과거 나의 꿈이기도 했던, '몸살 나게 출근하고 싶은 회사'를 함께 만들고 싶다는 욕심도 가져보았다.

조직에서 존경 받는 리더가 되기를 원한다면, 거래선에게 신뢰받는 파트너로 인정받기를 원한다면, 평생 함께하고 싶은 동료로 기억되기를 원한다면, 자녀 결혼 때 주례로 모시고 싶은 선배가 되기를 원한다면, 이 책을 꼭 한번 읽어보시기를 권한다.

- 김수근(전 삼성그룹 연수원 부원장, 전 SADI(Samsung Art and Design Institute) 학장)

●● 저자는 삼성에서 20여 년을 근무하며 직간접적으로 상사로 모셨던 분으로, 삼성전기의 해외영업 역사상 독보적인 분이다. 상사들로부터는 두터운 신임을, 부하 직원들로부터는 무한한 존경을, 그리고 고객들로부터는 아낌없는 신뢰를 받았기에 내가 항상 닮고 싶은 인물이기도 하다.

매사에 철저한 준비성과 회의에서 보여준 완벽한 논리 전개, 다양한 외국어 구사능력, 엄격한 자기관리, 엄청난 독서량, 그중에서도 특히 '남을 배려하는 마음'은 일반 리더들과는 차별화된 저자만의 강점이 아닌가 생각한다.

부하 직원들이 매주 기다리던 위클리 메일이 책으로 출간된다는 소식에 처음에는 '나를 포함한, 저자를 존경하는 많은 후배들의 바람이 이루어지는구나!' 하고 생각했다. 그러나 막상 완성된 책을 읽으니 이 책이 이 시대의 리더들에게는 배려와 소통의 리더십을 전하고, 젊은이들에게는 글로벌 비즈니스가 어떤 것인지를 보여주는 지침서가 되었으면 하는 바람을 갖게 되었다.

이 책을 읽다 보면 친구에게서 온 편지를 읽을 때처럼 편안함이 느껴지면서 나도 모르게 순식간에 이야기 속으로 빠져들게 된다. 또, 저자가 각국에서 경험한 에피소드를 보면 프로 비즈니스맨이 갖춰야 할 덕목과 소양이 어떤 것인지 자연스레 뇌리에 남기도 한다.

아직도 기억이 생생하다. 매주 토요일 매출 전망보고에 대한 스트레스로 머리가 지끈거릴 때 즈음 삶의 향기처럼 배달되던 저자의 위클리 메일. 어쩌면 그 메일이 나를 포함한 많은 동료 직원들이 그 어려웠던 시절을 버텨낼 수 있는 힘이 되어주었는지도 모른다는 생각이 든다. 저자가 만들려고 노력했던 '몸살 나게 출근하고 싶은 직장'이 실현되는 날이 오기를 기대해본다.

- 문희득(전 삼성전기 글로벌마케팅실 상무, 현 IMK 베트남 법인장)

●●● 내가 저자를 처음 만난 건 2004년 독일에서 삼성관계사 법인

장으로서 저자와 같은 건물에서 근무할 때였다. 그 이후 십여 년을 가깝게 교류하면서 그가 '탁월한 순발력과 진지함을 겸비한, 늘 깨어 있는 타고난 비즈니스맨'이라는 데 확신을 갖게 되었다. 그를 보며 늘 보통 사람은 그냥 가볍게 지나치기 쉬운 사안도 문제의식을 가지고 남다른 시각으로 바라보고, 또 그것을 재치 있게 표현하는 능력을 가진 사람이라 생각해왔다. 그리고 이 책을 읽으면서 나의 그런 생각이 틀리지 않았음을 다시 한 번 확인할 수 있었다.

이 책에는 저자가 30년간 현장을 누비면서 체득한 노하우들이 담겨 있다. 새로이 직장인의 삶을 시작하는 새내기들이나 초급 관리자들에게는 직장 생활의 등대로 삼을 만한 내용이 실려 있고, 동시대를 살면서 비슷한 경험을 했던 나 같은 중년세대들에게도 구구절절 가슴에 와 닿는 이야기들로 가득하다.

나로 하여금 다시 한 번 '몸살 나게 출근하고 싶은 회사 만들기'에 재도전하고 싶은 꿈을 꾸게 하는 좋은 글이다.

- 이상목(전 삼성테크윈 상무, 현 (주)옵트로닉 부회장)

참고도서

김성곤 저, 『리더의 옥편』, 김영사, 2014

연준혁 · 한상복 공저, 『보이지 않는 차이』, 위즈덤하우스, 2012

잭 내셔 저, 유영미 역, 『딜』, 작은씨앗, 2014

호아킴 데 포사다 · 레이먼드 조 공저, 『바보 빅터』, 한국경제신문사, 2011

영업이 나에게 가르쳐준 소중한 것들
나는 지구 100바퀴를 돌며 영업을 배웠다

초판 1쇄 인쇄 2015년 12월 15일
초판 1쇄 발행 2015년 12월 22일

지은이 유재경
펴낸이 김선식

경영총괄 김은영
마케팅총괄 최창규
기획·편집 변민아 **크로스교정** 임보윤 **책임마케터** 이주화
콘텐츠개발4팀장 김선준 **콘텐츠개발4팀** 황정민, 변민아, 이호빈, 임보윤
마케팅본부 이주화, 정명찬, 이상혁, 최혜령, 박진아, 김선욱, 이소연, 이승민
경영관리팀 송현주, 권송이, 윤이경, 임해랑

펴낸곳 다산북스 **출판등록** 2005년 12월 23일 제313-2005-00277호
주소 경기도 파주시 회동길 37-14 3, 4층
전화 02-702-1724(기획편집) 02-6217-1726(마케팅) 02-704-1724(경영지원)
팩스 02-703-2219 **이메일** dasanbooks@dasanbooks.com
홈페이지 www.dasanbooks.com **블로그** blog.naver.com/dasan_books
종이 한솔피엔에스 **출력·제본** 갑우문화사 **후가공** 이지앤비 특허 제10-1081185호

ISBN 979-11-306-0689-7 (13320)

· 책값은 뒤표지에 있습니다.
· 파본은 구입하신 서점에서 교환해드립니다.
· 이 책은 저작권법에 의하여 보호를 받는 저작물이므로 무단 전재와 복제를 금합니다.
· 이 도서의 국립중앙도서관 출판시도서목록(CIP)은 서지정보유통지원시스템 홈페이지(http://seoji.nl.go.kr)와 국가자료공동목록시스템(http://www.nl.go.kr/kolisnet)에서 이용하실 수 있습니다. (CIP제어번호: CIP2015033976)

다산북스(DASANBOOKS)는 독자 여러분의 책에 관한 아이디어와 원고 투고를 기쁜 마음으로 기다리고 있습니다. 책 출간을 원하는 아이디어가 있으신 분은 이메일 dasanbooks@dasanbooks.com 또는 다산북스 홈페이지 '투고원고'란으로 간단한 개요와 취지, 연락처 등을 보내주세요. 머뭇거리지 말고 문을 두드리세요.